AF178969

Liebe Leserin, lieber Leser,

Hansjörg Falz, MERIAN-Chefredakteur

für mich ist das Fahrrad das ideale Verkehrsmittel, um eine Stadt und die angrenzende Region zu entdecken – am besten bei der gemütlichen Fahrt am Ufer eines Flusses. Meine Kolleginnen Tinka Dippel, die dieses Heft konzipiert hat, und Inka Schmeling taten für diese Ausgabe genau das: Tinka Dippel erkundete Frankfurt auf zwei Rädern, Inka Schmelings Reportage über ihre Radtour von Seligenstadt bis Rüsselsheim entlang des Mains lesen Sie ab Seite 38.

Frankfurt und das Rhein-Main-Gebiet sind laut schlauer Verkehrsgeografen die tatsächliche Mitte Deutschlands und Europas. Und auch über die Kartographie hinaus hat die Stadt zentrale Bedeutung: Seit dem 18. Jahrhundert ist Frankfurt eine Stadt des Geistes (Goethe, die Frankfurter Schule, die Neue Frankfurter Schule) und dank der Paulskirche eine »Wiege der deutschen Demokratie« (John F. Kennedy). 5,8 Millionen Menschen leben in der Region Rhein-Main, in diesem Heft haben wir uns auf die Kreise Groß-Gerau, Wetterau und Offenbach sowie die Städte Darmstadt, Frankfurt, Hanau und Offenbach konzentriert. Der Schriftsteller und Satiriker Hans Zippert, der Sie in Zukunft auch als MERIAN-Kolumnist unterhalten wird, kategorisiert seine Nachbarn in »Zugereiste, Eingeplackte, Vertriebene, Verschleppte, Pendler und Hessen« (S. 34). Sie alle verbindet möglicherweise wenig, aber eine Liebe sicher: die zum südhessischen Apfelwein. Der feiert gerade ein Revival und war dank ambitionierter Winzer nie besser als heute (Seite 82). Probieren Sie ihn aus, den neuen Äppelwoi!

Herzlich Ihr

Erstmals 1949:
Bereits zum achten Mal ist Frankfurt Thema einer MERIAN-Ausgabe

Frankfurts Skyline wächst in
die Breite: Markant ist das Gebäude
der Europäischen Zentralbank
mit seiner gläsernen Fassade, 2015
eröffnet und hier rechts im Bild

82

Sachsenhauser Kult: aus dem Bembel ins
Glas – das Comeback des Apfelweins

Darmstädter Ikone: Warum die Mathildenhöhe mit
dem Hochzeitsturm weit über ihre Zeit hinausweist

94

Frankfurter Szene-Könige: unterwegs
mit den Brüdern James und David Ardinast

Offenbacher Offenbarung: neues
Hafenviertel, große Aufgeschlossenheit

TOP 15

MERIAN-Redakteurin **Tinka Dippel** ist hin und weg: von der Kunstdichte Frankfurts und Offenbachs, vom vielen Grün in der Stadt und drumherum – und von der Skyline, die sie auf der Recherche immer im Blick hatte

1 Museumsufer Frankfurt

Wenn Sie einen Frankfurter nach seinem liebsten Museum in der Stadt fragen, wird er Ihnen mindestens drei Museen nennen. Verständlich, kaum eine Stadt hat eine solche Parade an Hochkarätern, und die meisten kann man entlang des Mains abspazieren: das Städel, in dem etwa Monets »Mittagessen« hängt (genau beschrieben auf Seite 76), die Schirn Kunsthalle mit ihren schlau kuratierten Blockbuster-Schauen, das Historische Museum, das Architekturmuseum, das Museum Angewandte Kunst. Ich mag besonders das Liebieghaus, denn für mich stimmt dort alles: das Gebäude, eine Villa von 1896, die Sammlung mit Skulpturen von der Antike bis zum Klassizismus – und der urige Garten mit Café.

2 Neue Altstadt Frankfurt

Ja, es fehlt die Patina, so ist das nun mal bei rekonstruierten Altstädten. Und ja, noch sind viele Frankfurter nicht warm geworden mit dem neuen touristischen Aushängeschild zwischen Dom und Römer. Insgesamt aber ist die Kombination aus rekonstruierten Kleinoden wie der Goldenen Waage und neuen Entwürfen eines der großen Erfolgsprojekte der Stadt. Eingeweiht wurde das Ensemble im September 2018. Mein Favorit: das Alte Kaufhaus der Baseler Architekten Morger + Dettli. Mehr dazu auf Seite 62.

3 Paulskirche

Von 1789 bis 1833 entstand der klassizistische Rundbau als Frankfurts evangelische Hauptkirche, die war sie bis zur Bombardierung 1944 gut 100 Jahre – mit Unterbrechung, ab dem 18. Mai 1848

tagte in der Paulskirche die erste deutsche Nationalversammlung. Vom »Zug der Volksvertreter« zur Kirche erzählt heute ein 32 Meter langes Wandbild des Malers Johannes Grützke. Zu sehen ist es im Untergeschoss, das beim Wiederaufbau entstand und die dunkle NS-Zeit symbolisieren soll. Den demokratischen Geist soll der von einem Oberlicht gekrönte, 30 Meter hohe Kuppelsaal darüber spürbar machen. Nun stehen eine Sanierung und bald auch der 175. Jahrestag der

Versammlung an. Und manch einer stellt die Symbolarchitektur der Nachkriegszeit infrage. Mich hat sie überzeugt, aber machen Sie sich Ihr eigenes Bild!

4 Kleinmarkthalle

Seit die Großmarkthalle 1928 in den Osthafen zog (wo ihre Reste jüngst in den 2015 eröffneten Neubau der EZB integriert wurden), trägt die Markthalle mitten in der Stadt den Namen Kleinmarkthalle. Im Krieg wurde sie zerstört, 1954 bekam

1 | Meisterwerk im Städel: »Die Blendung Simsons« von Rembrandt 2 | Darmstädter Ikonen mit Strahlkraft: der Hochzeitsturm (links) und die Russische Kapelle auf der Mathildenhöhe 3 | Kleine Weltreise und ein Stück sehr authentisches Frankfurt: die Kleinmarkthalle

neren Tiere wie die etwa 1000 präparierten Vögel, eine so artenreiche Sammlung ist selten in Deutschland. Eine weitere Besonderheit des Naturkundemuseums – benannt nach seinem Stifter, dem Arzt Johann Christian Senckenberg – sind die Fossilien aus der Grube Messel nahe Darmstadt, die seit 1995 auf der Weltnaturerbeliste der UNESCO steht.

6 Skyline

Sie ist Ausdruck von Architektenträumen, sehr viel Geld und zu wenig Platz. Mit dem Fahrrad durch ihre Schluchten zu fahren, wenn der Wind hindurchpfeift, hat etwas Urgewaltiges. Frankfurts Skyline wächst ständig, aktuell sind etwa »Das Präsidium« (175 Meter hoch) und die Wohntürme »Highlines« (85 Meter) in Planung und im Bau. Ich habe jede freie Minute dafür genutzt, am Main zu sitzen und auf die spiegelnden Fassaden zu gucken wie auf einen Himmel-Fernseher. Ideal dafür: das »Maincafé« vor dem Filmmuseum.

7 Büdingen

Büdingen hat oft Glück gehabt. Selbst als die alliierten Flieger das Städtchen im Osten der Wetterau ins Visier nahmen, verhinderte schlechtes Wetter, dass hier Bomben niedergingen. Was für ein Glück

für alle, die in den Genuss kommen, durch diese Rarität zu spazieren: eine fast komplett erhaltene mittelalterliche Stadt mit zwei Kilometer langer Befestigungsanlage, Schloss, Kopfsteinpflaster und Fachwerkhäuschen – quasi das Gegenmodell zur Megacity Frankfurt. Dass die jahrhundertealten Mauern viel zu erzählen haben, versteht sich von selbst. Nehmen Sie sich Zeit für eine Führung!

8 Seligenstadt

Wer auf den Geschmack kleiner Zeitreisen gekommen ist, dem sei auch dieses Städtchen am Mainufer ans Herz gelegt. Sein Schmuckstück ist die weitläufige Anlage des vor rund 1200 Jahren gegründeten Benediktinerklosters mit großem barockem Garten. Kleinod darin: der Apothekergarten, mit dessen Kräutern manche der Brote gewürzt werden, die donnerstags frisch aus der Backstube kommen.

9 Apfelwein

Ich als Münchnerin fühle mich schnell heimisch, wo sich rund um ein Kaltgetränk eine Genusskultur bildet. Die Äppelwoi-Kultur ist keine Folklore, sie wird mit viel Herz gelebt und weiterentwickelt: auf den Streuobstwiesen in der Wetterau, in den Keltereien, in den Knei-

sie einen Neubau – der heute das hat, was die Frankfurter in vielen Ecken ihrer Stadt vermissen: Patina. Rund 60 Stände bieten auf 1500 Quadratmetern so ziemlich alles an. Legendär: die Schlange, die sich mittags am Wurststand von Ilse Schreiber bildet.

5 Senckenberg Museum

Saurier sind hier die Stars, allen voran das Skelett des Tyrannosaurus Rex. Aber lenken Sie Ihren Blick auch auf die klei-

1 | Wachsende Turmparade: die Skyline hinter der Ignatz-Bubis-Brücke (rechts im Bild der Dom) **2 |** Jugendstil durch und durch: die 1905-11 entstandene Kuranlage »Sprudelhof« in Bad Nauheim

pen Sachsenhausens (Seite 82). Was ich empfehle: Sauer Gespritzen zu einem Teller Grüner Soße mit Kartoffeln im Garten der »Atschel« in Alt-Sachsenhausen.

10 Mathildenhöhe Darmstadt

Es gibt Orte, die haben einen guten Geist, dieser hat gleich mehrere: etwa den von Ernst Ludwig, der hier ab 1899 als junger Großherzog der Kunst, der Architektur und dem freien Denken einen Raum eröffnete. Und den des Architekten Joseph Maria Olbrich, der das Aussehen der Künstlerkolonie geprägt hat, vor allem mit dem Hochzeitsturm, dem Wahrzeichen der Stadt. Was sie und viele andere bis 1914 schufen, war wegweisend in Design und Architektur. Wenn die UNESCO die Mathildenhöhe nicht bald zum Welterbe erklären sollte, dann tue ich es. Warum, lesen Sie ab Seite 94.

11 Bad Nauheim

Wenn ich »Kurstadt« hörte, hielt sich mein Besichtigungsimpuls in Grenzen.

Dann kam ich nach Bad Nauheim, auf das ich schon deshalb neugierig war, weil sein Wahrzeichen den grandiosen Namen »Sprudelhof« trägt. Vom Bahnhof läuft man direkt hinein, die 1905-11 erbaute Bäderanlage gilt als größtes geschlossenes Jugendstil-Ensemble in Europa. Dahinter öffnet sich der Kurpark, Mitte des 19. Jahrhunderts als englischer Garten angelegt. Diese Kurstadt hat Stil!

12 Offenbach

Mit dem Fahrrad ist es gerade mal eine halbe Stunde bis nach Offenbach. Eine Tour, die sich lohnt, und zwar nicht nur, weil der Weg vorbei am Turm der Europäischen Zentralbank, dem Biergarten der »Gerbermühle« und dem Kulturzentrum »Hafen 2« am Main entlangführt. Nein, die 140 000-Einwohner-Stadt Offenbach ist eine echte Überraschung. Mich hat erstaunt, wie multikulturell sie ist und was für ein kreativer Geist dort herrscht. Auch viele Frankfurter Künstler haben das bereits erkannt (Seite 66).

13 Museum Keltenwelt am Glauberg

Es war ein engagierter Heimatverein, der den Anstoß dafür gab, dass eine fast komplette, etwa 2400 Jahre alte Herrscherfigur aus Sandstein und noch einige Schätze mehr in drei keltischen Gräbern gefunden wurden. Sie blieben in der Wetterau und bekamen ihr eigenes, 2011 eröffnetes und sehr sehenswertes Museum direkt am Fundort. Eine großartige Geschichte – ab Seite 106.

14 Naturschutzgebiet Kühkopf-Knoblochsaue

Eine gute halbe Stunde nonstop mit dem Regionalexpress ab Frankfurt Richtung Südwesten nach Stockstadt am Rhein, dann eine Viertelstunde zu Fuß – und Sie stehen in einer verwunschenen Auenlandschaft namens Kühkopf-Knoblochsaue. Dort haben Sie 60 Kilometer Rad- und Wanderwege vor sich liegen – etwa den Haubentaucherweg, den Schwarzspechtweg und den Nachtigallenweg. Die Namen sagen es schon: Ornithologen werden dort glücklich, und ein Fernglas sollten alle dabei haben.

15 Hanau

Kommen Sie an einem Mittwoch oder Samstag, dann umgeben Wochenmarktstände die in Bronze gegossenen berühmtesten Hanauer: Jacob und Wilhelm Grimm, die Märchensammler, die hier geboren wurden und ihre Kleinkindjahre verbrachten. Vom Marktplatz, wo ihr Denkmal steht, ist es dann ein halbstündiger Spaziergang zum 2019 eröffneten »GrimmsMärchenReich«, ein echtes Highlight für alle, die mit Kindern unterwegs sind. Aber Erwachsene finden dort bestimmt ebenso ihren Märchenort: Das Schloss Philippsruhe beherbergt auch das Historische Museum und hat einen sehr schönen Park und ein Café. ∎

Anja Jahn, Jahrgang 1968, ist spezialisiert auf Porträtfotografie. Sie nimmt sich gerne Zeit für die Menschen, die beiden Szene-Größen James und David Ardinast, mit denen sie auf Tour durch Frankfurt ging, hatten zum Glück jede Menge davon mitgebracht (S. 50).

FOTOSCHULE PORTRÄTFOTOGRAFIE

Wie gelingen natürliche Porträts?

1. Vertrauen gewinnen Ein Mensch kann sich nur dann natürlich geben, wenn er sich wohlfühlt, nur wer vertraut, ist er selbst. Ich fotografiere ja keine Hüllen, ein gutes Porträt zeigt viel vom Charakter eines Menschen. Deshalb ist eine Geschichte mit vielen Porträts immer ein Austausch, ein Kennenlernen.

2. Ins richtige Licht setzen Am liebsten arbeite ich mit natürlichem Fensterlicht, das ist auch für die Porträtierten am angenehmsten – und in einer Umgebung, in der er oder sie sich sicher und zu Hause fühlt.

3. Für Auswahl sorgen Ich drücke heute viel häufiger auf den Auslöser als das in analogen Zeiten der Fall war. Und im Endeffekt lohnt sich das schon. Denn häufig sind tatsächlich das erste und das letzte Foto die besten des ganzen Shootings.

FRÖHLICHE GENIESSER

Für die Reportage über Apfelwein (S. 82) entpuppten sich diese zwei Frankfurter als das perfekte Team. Schon bevor sie mit der Recherche begannen, waren sie mitten im Thema: Autor **Jakob Strobel y Serra** (rechts) wohnt im Apfelwein-Hotspot Sachsenhausen – über dem »Gemalten Haus«, einer der Apfelweinkneipen schlechthin. Fotograf **Markus Bassler** keltert zu Hause im Nordend sogar selbst. Allerdings musste er neidlos eingestehen, dass da noch Luft nach oben ist. An die Weine, die er etwa bei »Weidmann & Groh« in der Wetterau probierte, hofft er in den nächsten Jahren heranzukommen.

STOLZE RADLERIN

Endlich konnte sich MERIAN-Redakteurin **Inka Schmeling** mal selbst ein Denkmal setzen – während ihrer Tour auf dem Main-Radweg von Seligenstadt durch Hanau, Offenbach, Frankfurt und Rüsselsheim bis zur Mündung in den Rhein (S. 38). Die Route führt in Oberrad am Ich-Denkmal von *Titanic*-Karikaturist Hans Traxler vorbei. Auf der Rückseite führen drei Stufen bequem auf den leeren Sockel, die Erklärung des Künstlers zu seinem Werk: »Jeder Mensch ist einzigartig.«

FRANKFURTER COMEBACK

Zwischen Dom und Römer ist seit September 2018 die Altstadt zurück – als Mix aus Rekonstruktion und zeitgenössischer Architektur. Durchaus gelungen findet MERIAN-Redakteurin **Tinka Dippel** die wiedergewonnene Kleinteiligkeit. Mit **Jan Gerchow**, dem Direktor des Historischen Museums – hier am Stoltze-Brunnen – sprach sie darüber, warum dieses Comeback so lange gedauert hat und ob es in Frankfurt noch weitere Comebacks geben wird (S. 62).

Den Messeturm im Blick:
456 Pflöcke bilden die
Stangenpyramide mit Sichtachse Richtung Frankfurt

STANGENPYRAMIDE DREIEICH
Paradeblick auf die Skyline

Kenner wussten schon lange: Von der Anhöhe beim Städtchen Dreieich hat man einen fantastischen Blick auf die Frankfurter Skyline. Das machte die kleine Erhebung im Kreis Offenbach zum perfekten Platz für ein begehbares Kunstwerk: die Stangenpyramide Dreieich. Sie besteht aus 456 Holzpflöcken, die sich zur Pyramide formieren, die äußersten sind gerade mal 60 Zentimeter hoch, die größten haben eine Länge von sechs Metern. Je nach Blickwinkel wirkt das Ensemble mal ganz luftig, mal verdichten sich die Stangen so, dass sie fast wirken wie eine hölzerne Wand. Besucher können zwischen den Pflöcken umhergehen und neue Perspektiven erkunden. Genau in der Mitte, etwa in Nord-Süd-Richtung, fokussiert eine Hauptsichtachse den Blick: auf die Skyline mit dem Messeturm im Zentrum und dem Taunus dahinter. Vom Bahnhof Dreieich-Dreieichenhain (mit der Regionalbahn ab Frankfurt Hauptbahnhof rund 20 Minuten nonstop) läuft man etwa eine halbe Stunde zur Pyramide. Sehenswert auf dem Weg: die Burg Hayn, eine Ruine, deren ältester Teil im 11. Jahrhundert erbaut wurde. Ein guter Ort zum Einkehren: die »Gutsschänke Neuhof« (15 Minuten Fußweg von der Anhöhe), ein schön gelegenes Restaurant mit Garten und Backstube.

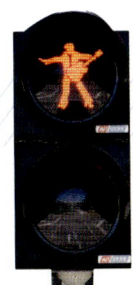

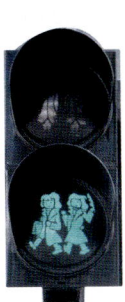

AMPELHELDEN

Elvis Presley lebte ab 1958 als Soldat in Friedberg und Bad Nauheim, noch immer zieht er in beiden Orten die Blicke auf sich – als Ampelmännchen (oben). Hanau dagegen hat seine eigenen Lichtgestalten: Die Brüder Grimm geben grünes Licht.

WASSERHÄUSCHEN
Kult ist Trumpf

Wie viele Fruchtgummi-Variationen im Angebot sind, wie lange der Betreiber schon aus seinem Fenster guckt: Das und mehr erzählt das Frankfurter Wasserhäuschen-Quartett (www.wasserhäuschen.eu). Die Mini-Immobilien dienten im 19. Jahrhundert der Versorgung mit Mineralwasser, heute sind sie Kult und haben sich teilweise sogar wie etwa die Trinkhalle »Fein« im Nordend (Foto) vom Kiosk zum beliebten Café gewandelt. Die Macher des Spiels kennen sie alle, einer von ihnen bietet Führungen an: www.frankfurter-stadtevents.de/Guide/Hubert-Gloss

Frankfurter Genuss-Meile

Die Braubachstraße im Zentrum ist seit dem Sommer 2020 Vorbild in Sachen Verkehrsberuhigung. Parkplätze sind hier Café-Tischen gewichen, also auf zu einer Verkostungstour: Wir starten im Museum für Moderne Kunst, dort bietet das **mehrwassersalz** (Domstr. 10, Ecke Braubachstr.) leckere Brote, Croissants, Baguettes – perfekt für ein gutes Frühstück. Weiter geht's zur Chocolaterie **Bitter & Zart** (Nr. 14, Foto). Zum Café mit riesigem Kuchenangebot gehört ein Süßigkeitenladen wie aus einem Kindertraum. Gleich nebenan: das **Margarete** (Nr. 18), benannt nach der Erfinderin der »Frankfurter Küche«, eine gute Adresse zum Mittagessen. Buntes Kleinod: das **iimori** (Nr. 24), hier mischt die Chefin einigen ihrer großartigen Tartes Matcha- oder Grünen Tee bei. Noch ein Schuss Koffein? Das **Espressoespresso** (Nr. 28) übersieht man leicht – was schade wäre, denn der Laden ist perfekt für, wie der Name schon sagt, gerne gleich zwei Kaffees.

Petersilie

Borretsch

Pimpinelle

Kerbel

Sauer-
ampfer

Schnitt-
lauch

Kresse

Grüne Sieben

Für die berühmte Grüne Soße gibt
es jede Menge Rezepte, mit den
Komponenten Schmand, Joghurt,
Öl, Essig und Ei wird gespielt
und beim Würzen das eine oder
andere Geheimnis eingestreut.
Eines aber ist unumstritten: Diese
sieben Kräuter müssen hinein.
Angebaut werden sie etwa groß-
flächig im Frankfurter Stadtteil
Oberrad, wo man ihnen sogar ein
Denkmal gesetzt hat (Speckgasse 7).

ALTER FLUGPLATZ BONAMES

Landebahn im Ruhestand

Was den Berlinern ihr Tempelhofer Feld, ist den Frankfurtern
ihr einstiger amerikanischer Militärflugplatz Bonames. 1992 wurde
er stillgelegt, die Stadt kaufte das Areal und integrierte es ab
2003 in ihren Grüngürtel. In den Tower zog ein Café, einen Teil der
Landebahn ließ man den Skatern, alles andere vor allem der
Natur. Wer wissen möchte, wer oder was dort alles wuchert und
unterwegs ist, kann mit den Wildnislotsen der Naturschule
Hessen auf Tour gehen (www.naturschule-hessen.de).

BESTSELLER STRUWWELPETER

Weil er kein Kinderbuch für seinen
dreijährigen Sohn fand, schrieb der
Frankfurter Arzt Heinrich Hoffmann zu
Weihnachten 1844 selbst eins: den
»Struwwelpeter«. In der Neuen Alt-
stadt hat er sein eigenes Museum mit
Shop (Hinter dem Lämmchen 2-4).

GROSSER FOTOWETTBEWERB
ZEIGEN SIE IHRE BESTEN BILDER!

Jetzt mitmachen! Wir suchen Fotos zu den Themen **RUND UM DIE OSTSEE, SALZBURG, ISTRIEN, SÜDTIROL**

Traumreise für 10 000 € zu gewinnen

»Die Lust am Reisen« – unter diesem Motto suchen MERIAN und CEWE die schönsten Leserfotos. Senden Sie Ihre Lieblingsbilder aus aller Welt ein! Hauptgewinn ist eine exklusive Tour im Wert von 10 000 Euro: Sie begleiten einen MERIAN-Fotografen auf seiner Recherchereise an ein besonderes Urlaubsziel. Mitmachen ist ganz einfach – und **Sie haben sogar zwei Gewinnchancen!**

In Kooperation mit CEWE, Europas führendem Fotoservice

1. CHANCE: LESERFOTO DES MONATS

Jeden Monat werden Ihre besten Fotos zum nächsten Heftthema gesucht: einfach online hochladen und mitmachen! MERIAN prämiert das beste Leserfoto und veröffentlicht es im Heft (s. S. 16). Die nächsten Themen: **Rund um die Ostsee, Salzburg, Istrien, Südtirol.** Ihre Fotos sollen einen Bezug zum jeweiligen Monatsthema haben. Das Motiv darf frei gewählt werden: Ob Landschaftsbilder oder Straßenszenen – der Fantasie sind keine Grenzen gesetzt. Jeder Monatsgewinner erhält einen CEWE FOTOBUCH Gutschein im Wert von 50 Euro sowie ein MERIAN-Jahresabonnement.

2. CHANCE: FOTO DES JAHRES

Jedes hochgeladene Foto hat dazu automatisch die Chance, das Foto des Jahres zu werden. Für diesen Wettbewerb dürfen Sie auch Bilder von anderen Zielen einsenden. Alles, was zum Motto »Die Lust am Reisen« passt, ist erlaubt: Motive von besonders schönen, originellen oder amüsanten Momenten genauso wie Fotos, die im Gedächtnis bleiben. Die Auswahl trifft eine professionelle Jury – und dem Sieger winkt eine exklusive Reise im Wert von 10 000 Euro. Alle weiteren Infos: www.merian.de/leserfotos

TILMANN VON MELTZER

schoss das Leserfoto des Monats im Frankfurter Bankenviertel. Während die zwei 155 Meter hohen Türme der Deutschen Bank meistens von der Vorderseite bei den Taunusanlagen fotografiert werden, näherte sich von Meltzer von hinten und komponierte dieses Look-up von einem Durchgang zur Klüberstraße aus. »Das kalte Licht und der wolkenlose Himmel ermöglichten mir einen freien Blick auf die Struktur des Gebäudes«, so von Meltzer (43), der als Lehrer in Kiel arbeitet und das Bild auf einem Zwischenstopp in Frankfurt machte – bevor er sich die New Yorker Skyline mit seiner Kamera vornahm. »Wenn ich mit der Kamera unterwegs bin, nehme ich meine Umgebung bewusster wahr«, sagt er. »Sonst hätte ich mich womöglich mit der Vorderfront des Baus begnügt. Die Kamera bringt mich immer wieder von der eigentlichen Route ab und das ist gut so.«

»Die Abstraktion ist faszinierend. Das Foto wirkt fast wie eine Grafik, wie ein virtuell erstellter Raum.«

DAS SAGT DIE JURY

Violetta Bismor, MERIAN-Fotoredakteurin: »An dieser Hochhaus-Aufnahme gefällt mir die Abstraktion. Tilmann von Meltzers Bild reduziert das Motiv auf seine Grundstrukturen, das Foto wirkt fast wie eine Grafik, wie ein virtuell erstellter Raum. Die Drittel-Aufteilung der Linien gibt dem Bild eine besondere Harmonie. Auch wenn der Fluchtpunkt nicht exakt im Goldenen Schnitt liegt, hat man dennoch das Gefühl, in dieses Motiv hineingesogen zu werden. Es kommt mir vor wie der Anfang einer Zeitreise in eine unbekannte Welt.«

AB 24. OKTOBER BEI IHREM BMW PARTNER.

So weit,

Wie eine große Welle türmt sich Deutschlands
beeindruckendste Skyline aus Frankfurts Häusermeer
auf. Höchster Wolkenkratzer der Stadt ist der 259 Meter
hohe Commerzbank-Tower, nur der »Ginnheimer
Spargel«, Frankfurts Fernsehturm im Norden der
Stadt (rechts im Bild), übertrifft ihn um etwa 78 Meter

so gut

Frankfurt gilt als Stadt, in der es ums Geldverdienen geht. Rastlos und arbeitsam. Frankfurt und das Rhein-Main-Gebiet können aber auch ganz anders: Unsere Bilderreise zeigt Ihnen Mainhattan ganz entspannt und ein Umland zum Verlieben

FOTOS **GEORG KNOLL** UND **ANJA JAHN**

GROSSER SPASS IN DER KLEINMARKTHALLE

Frankfurt ist Weltstadt – auch kulinarisch. Und nirgendwo kann man die Küchen der Erde auf so kleinem Raum entdecken, wie an den rund 60 Ständen in der zentralen Markthalle. Allein die Auswahl an Fischen und Meeresfrüchten bei »Mare Blu« oben auf der Galerie ist beeindruckend. In »Franco's Austernbar« gleich nebenan gibt es sie frisch zubereitet und ein Glas Wein dazu

JEDE EPOCHE HAT IHR ENSEMBLE: OFFENBACHS HAFEN UND BÜDINGENS ALTSTADT

Die Szenerie links ist gerade erst fertig gebaut, die Ansicht auf dieser Seite gibt es seit rund 500 Jahren. Büdingens Altstadt, im Vordergrund das Schloss, ist eine Rarität, die Fachwerkhäuser, Wehrtürme und Gassen sind fast komplett erhalten. Offenbachs ehemaliger Industriehafen wurde kurz nach der Jahrtausendwende nach und nach zu einem neuen Stadtteil umgebaut, ein beliebter Treffpunkt dort ist der Hafenplatz mit Blick auf ein Industrierelikt, den 26 Meter hohen »Blauen Kran«

WO DER RHEIN ZUM
MINI-AMAZONAS WIRD …

… liegt rund 40 Kilometer südwestlich von Frankfurt
ein urwüchsiger grüner Schatz: das Naturschutzgebiet
Kühkopf-Knoblochsaue. Entstanden ist es durch
eine Rheinbegradigung vor fast 200 Jahren, als sich
zwischen dem neuen Flussabschnitt und seinem Altarm
eine Insel bildete. Von Erfelden, das an diesem Altarm
liegt, blickt man weit in die Natur, die hier auf rund
2400 Hektar sich selbst überlassen ist

NEUE SPITZEN IM HERZEN DER METROPOLE

Welcher Giebel älter ist, ist bei diesen beiden nicht ganz eindeutig zu beantworten. Der Durchgang in Form eines Spitzgiebels auf dieser Seite gehört zur Bar »Plank« im Bahnhofsviertel, die 2010 von der Szene-Legende Ata Macias eröffnet wurde. Die schmucke Fassade rechts zierte schon vor rund 400 Jahren das Frankfurter Stadtbild – und fiel dann im Bombenhagel in sich zusammen. Die »Goldene Waage«, einst für den niederländischen Händler Abraham van Hamel erbaut, kehrte erst 2018 zurück – als Rekonstruktion und Prachtstück der Neuen Altstadt

SONNIGE ZEITEN AM MAIN-UFER

Zur Party- und Chillzone ist der Fluss in Hanau geworden. Die große Uferwiese liegt in Großauheim, dem größten Stadtteil, und gehört zum »Mein Main Laden«. Der vertreibt Apfelwein und Hanauer Gin, die man direkt vor Ort im Liegestuhl mit Blick auf die Auheimer Brücke genießen kann

IMMER UND ÜBERALL HÖCHST HINAUS

Ganz im Westen von Frankfurt liegt Höchst, der Welt bekannt als Industriestandort und bei Insidern geschätzt für sein hübsches historisches Zentrum mit dem Alten Schloss samt Turm aus dem 14. Jahrhundert. Am anderen Ende der Stadt, weit im Nordosten, erhebt sich bei Seckbach der 185 Meter hohe Lohrberg. Von dort oben wirkt die Skyline wie Bauklötze in einem großen grünen Garten. Das hektische Frankfurt ist hier ganz weit weg

Was war hier eigentlich früher mal?

Der Schriftsteller und Satiriker **Hans Zippert** ist extra
Mitglied in einem Fitness-Club geworden, um einen Tiefgaragenplatz in der
Innenstadt zu haben, denn er weiß: »Frankfurt verändert sich unglaublich
schnell, besser man lässt es nicht aus den Augen«

Am allerbesten sieht Frankfurt von Weitem aus. Fast schon kitschig wirkt die Ansicht vom Malerblick in Kronberg, wo die Stadtverordneten ernsthaft darüber nachgedacht haben, einen Rahmen aufzustellen, damit Frankfurt da gleich wieder rausfallen kann. Ich bevorzuge den Blick vom Bleibeskopf im Homburger Forst, wo man auf den Überresten einer bronzezeitlichen Siedlung stehend die einzige Skyline einer deutschen Stadt bewundern kann, die diesen Namen auch verdient. Aus dieser Entfernung wirkt Frankfurt mit seinen mehr als 100 Hochhäusern überzeugend amerikanisch. Und damit das so bleibt, werden nach einem genau festgelegten Entwicklungsplan ständig neue Wolkenkratzer angepflanzt, die sich bei guter Pflege bis weit über 200 Meter in den Himmel erheben können. Die Stadt verfügt aber auch über ausgedehnte Grünflächen, wie das ehemalige Gartenschaugelände, in dem man den ganzen Tag herumlaufen kann, ohne einen Ausgang zu finden. Irgendwann muss man es nämlich schaffen, mehrere Bahnlinien zu unter- und anschließend zwei Autobahnen zu überqueren, sonst kann man das Parklabyrinth nicht mehr

verlassen. Ich nehme sicherheitshalber für eine Durchquerung stets ausreichend Wasser und Verpflegung mit.

Fast 760 000 Bürger leben in Frankfurt, was immer sie auch darunter verstehen, und tagsüber füllt sich die Stadt mit gefühlt fast noch mal so vielen Menschen. Sie drängen ab sechs Uhr aus allen Himmelsrichtungen mit solcher Energie ins Zentrum hinein, dass, wer versucht, sich ihnen entgegenzustellen, mitgerissen und Minuten später in einem Großraumbüro Entscheidungen von internationaler Tragweite treffen wird. Denn in Frankfurt wird, im Gegensatz zu anderen Metropolen, gearbeitet, Mehrwert geschaffen, Kapital maximiert und verschoben. Die Main-Metropole ist reich, aber sexy und müsste, wenn alles mit rechten und nicht mit Adenauers Dingen zugegangen wäre, die Hauptstadt der Bundesrepublik sein. Dazu wäre sie allein schon durch ihre Lage prädestiniert. Noch bevor ich vor mehr als 30 Jahren hierherkam, erzählte man mir: Das Beste an Frankfurt sei, dass man so schnell in Frankreich ist. Das hat sogar einem begriffsstutzigen Ostwestfalen eingeleuchtet. Heute weiß ich: Das Beste an Frankfurt ist, dass es sich gar nicht um eine Stadt, sondern um mindestens 30 Städte handelt und das zum

Reich aber sexy: Frankfurts wilder Mix der Baustile, hier zu sehen vom Café »Leonhard's Dinea« an der Hauptwache

Preis von einer. Hier passt so gut wie nichts zusammen, hier prallen keine Gegensätze aufeinander, hier prallt alles ununterbrochen aufeinander, es ist ein gigantisches, umgekehrtes Rothenburg ob der Tauber. Egal, wo man losgeht, spätestens nach 50 Metern wechselt der Baustil oder man steht vor einem Museum. Das macht das Leben in Frankfurt so aufregend. Gemütlichkeit ist hier nie verlogen, sondern immer bedroht, deshalb genießt man sie in den unzureichend gekennzeichneten gemütlichen Ecken umso mehr, wo man im Schatten eines Apfelweinglases die Hochhäuser betrachten kann. Das Fußgängertempo ist hoch, man hat irgendwie immer was zu tun, auch wenn man gar nichts vorhatte. Die einzige Konstante ist der Main, bei dem ich bis heute nicht begreifen kann, warum er eigentlich nicht durch Mainz fließt.

Im eingangs erwähnten Malerblick stehen tatsächlich Maler, die versuchen, die flüchtige Schönheit der Stadt auf die Leinwand zu bannen. Sie müssen sich ranhalten, denn Frankfurt verändert sich in einem unglaublichen Tempo, besser man lässt es nie aus den Augen. Eine wirkliche Erklärung für dieses Phänomen gibt es eigentlich nicht, aber hier wird alles fertig, was man geplant hat, oft werden

Bauwerke vollendet, die gar nicht geplant waren. Es soll Frankfurter geben, die spätabends heimkamen und feststellten, dass ihr Haus durch ein anderes und natürlich höheres ersetzt worden war. Die häufigste Frage, die man sich bei einem Rundgang stellt, lautet: »Was war hier eigentlich früher mal?« Da gab's doch dieses Dings, dieses Geschäft mit den Rasierpinseln oder Moment, dazwischen stand ja noch eine Kirche, aus der dann das italienische Restaurant wurde, in dem Habermas immer essen ging, oder war das Reich-Ranicki? Man kann die Leistung der Kronberger Maler wirklich nicht hoch genug einschätzen, denn nur so weiß man, wie die Stadt am 17.8.2016 um 17.35 Uhr mal ausgesehen hat. Nur der Anschluss der A 66 an die A 661 darf niemals fertig werden, aber das hat religiöse Gründe, die Frankfurter sollen nicht größenwahnsinnig werden und glauben, sie müssten nur ein bisschen Beton anrühren und dann könnten sie einen Turm in den Himmel bauen.

Ziemlich fertig ist dagegen das sogenannte Europaviertel, das hauptsächlich aus einer schnurrgraden Straße besteht, die man der Stalin-Allee in Berlin nachempfunden hat. Wobei das Europaviertel einen irgendwie lebensfeindlicheren Eindruck macht. Ich setze mich gerne am Ende der Europa-Allee, da, wo man schon den Rebstockpark erahnen kann, in ein Café, lasse das mächtige Straßenpanorama auf mich wirken und fühle mich ein wenig wie in einem Land des Ostblocks zu Breschnews Zeiten. Mit dem Unterschied, dass der Preis für eine Wohnung hier so hoch ist, wie das Bruttosozialprodukt der Republik Moldawien. Belebt wird das Viertel tagsüber fast nur von Bauarbeitern, die damit beschäftigt sind, dem abweisenden Charakter der Wohnblöcke den letzten Schliff zu geben. Wer es lebendiger haben will, sollte den Frankfurter Hauptfriedhof besuchen, der, zwischen zwei viel befahrenen Hauptverkehrsachsen eingeklemmt, schon fast als Insel gelten darf. Im Schatten großer alter Bäume kann man auf den Wegen zwischen den Ruhestätten flanieren und den Eichhörnchen dabei zusehen, wie sie Nüsse aus Gräbern holen. Je länger man auf dem Friedhof verweilt und die 40 Kilometer nicht asphaltierter Wege abschreitet, umso mehr gewinnt man den Eindruck, dass die bedeutendsten Frankfurter inzwischen im Souterrain wohnen. Beispielsweise Robert Gernhardt, F. K. Waechter,

Die neue Frankfurter Altstadt ist ein Meisterwerk – und vor allem unter brandschutztechnischen Gesichtspunkten weitaus besser gelungen als die alte Altstadt

Margarete und Alexander Mitscherlich, Matthias Beltz, Peter Kurzeck, Ricarda Huch, Theodor W. Adorno oder Arthur Schopenhauer, auf dessen Grabsteinplatte jemand ein Zitat des Philosophen angebracht hat: »Wir denken selten an das, was wir haben, aber immer an das, was uns fehlt.« Das Grab von Alois Alzheimer fehlt erstaunlicherweise nicht. Ganz wunderbar und ohne jede Anstrengung kann man auf dem Gelände natürlich Vögel beobachten und sollte dabei in Abschnitt XIV/9 Hans Hartz besuchen, den Schöpfer des bezaubernd depressiven Hits »Die weißen Tauben sind müde«.

Diese elegante Überleitung habe ich mir gebastelt, um auf einen besonderen Frankfurter Vogel hinzuweisen, der mir sehr ans Herz gewachsen ist und den ich mehrmals im Jahr besuche. Er steht im naturkundlichen Senckenberg Museum. Es handelt sich um einen Dodo, der seit 1690 offiziell ausgestorben ist. Der flugunfähige Vogel lebte auf Mauritius und wurde von den ersten holländischen Siedlern mit großem Furor verfolgt. Man nahm es ihm anscheinend besonders übel, dass er, obwohl von truthahnartigen Ausmaßen, noch nicht mal einen wohlschmeckenden Braten abgab. Eine Präparatorin des Museums hat ihn meisterhaft rekonstruiert und sicherheitshalber in einen Glaskasten gestellt, falls Holländer vorbeikommen sollten. Der Dodo wirkt erschreckend lebendig, man kann dem Blick aus seinen glasigen Augen nur schwer standhalten. Der Vogel hat den Kopf leicht nach links geneigt und schaut uns melancholisch und ein wenig anklagend an.

Man könnte sagen, dass der Dodo so etwas wie das ornithologische Äquivalent zur Frankfurter Altstadt ist. Die existiert auch schon lange nicht mehr, aber wir können sie uns trotzdem ansehen. Manche werden beim Anblick der Neuen Altstadt auch ganz melancholisch und fragen sich, was da eigentlich vorher war. Die Antwort lautet: das Technische Rathaus, ein Meisterwerk des späten Brutalismus aus eitel Sichtbeton, und ein chinesisches Restaurant, in dem ein hervorragender Feuertopf serviert wurde. Die neue Frankfurter Altstadt ist ein Meisterwerk der architektonischen Taxidermie und vor allem unter brandschutztechnischen Gesichtspunkten weitaus besser gelungen als die alte Altstadt aus dem Mittelalter.

Vieles in dieser neuen Altstadt kann dem unvorbereiteten Betrachter schon etwas komisch vorkommen, und deshalb gibt es direkt nebenan, gegenüber dem Dom, die Caricatura, das Museum für komische Kunst. Das hat keine andere Stadt in Deutschland. Dort findet man die Werke der Künstler der legendären Neuen Frankfurter Schule. Chlodwig Poth, F. K. Waechter, Robert Gernhardt, Hans Traxler und F. W. Bernstein haben auch die *Titanic* gegründet, das endgültige Satiremagazin, das seit über 40 Jahren in Frankfurt erscheint und sogar über eine eigene Partei verfügt, die mit zwei Abgeordneten im Europa-Parlament vertreten ist.

Ich habe in meinem Leben nur drei echte Frankfurter kennengelernt, alle anderen waren Zugereiste, Eingeplackte, Vertriebene, Verschleppte, Pendler und Hessen, denn, das muss man sich unbedingt merken, der Frankfurter ist kein Hesse, und er ist vor allem kein Offenbacher. Frankfurt gilt aber nicht nur als Aufbewahrungsort für Frankfurter, sondern seit dem 18. Jahrhundert als die Stadt des Geistes. Die Frankfurter Schule und die Neue Frankfurter Schule wirkten im 20. Jahrhundert mächtig, aber schon 1749 war die Mainmetropole der Austragungsort der »Goethegeburt«. Am 28. August 1749 erblickte Goethe im heutigen Goethe-Haus im Großen Hirschgraben das Frankfurter Licht der Welt. Hier entstanden auch die ersten Überlegungen zur legendären »Farbenlehre«, die Goethe als Grundlage für die Entwicklung der Grünen Soße gedient haben soll, aus Frankfurter Sicht sein größtes Werk.

Goethe würde Frankfurt nicht wiedererkennen, er war allerdings seit über 200 Jahren nicht mehr da. Aber auch wer meint, es reiche, der Stadt einmal im Jahr einen Besuch abzustatten, täuscht sich. Ich bin extra Mitglied eines Fitness-Clubs geworden, damit ich immer einen Spind und einen Tiefgaragenplatz in der Innenstadt habe und jede Veränderung rechtzeitig erkennen kann. Denn eins habe ich begriffen: Man geht nie zweimal durch dasselbe Frankfurt.

Erste Station: Seligenstadt. Direkt am Main liegt das Fachwerkstädtchen mit Benediktinerkloster, Basilika und Barockgarten

EIN MÄRCHEN VON EINEM FLUSS

Was für ein Finale: Auf seinen letzten 75 Kilometern durch Hessen passiert **der Main** Klöster und Schlösser, coole Bars und große Kunst. Eine Erkundung per Rad

TEXT **INKA SCHMELING** FOTOS **GEORG KNOLL**

Feierabendwein mit Fachwerkflair in Seligenstadt: Die »Bar Leander« ist bekannt für ihre Drinks. Und für den besten Blick auf die Basilika

Auf Tour: Der Main-Radweg führt zu den schönsten Seiten des Flusses. Autorin Inka Schmeling (oben links) fuhr vom Kloster Seligenstadt (rechts) zur Mündung

Es war einmal: ein Fluss. Nicht irgendein Fluss natürlich. Sondern ausgerechnet der, an dessen Ufer die Gebrüder Grimm geboren wurden. Daher überrascht es kaum, dass dieser Fluss, Quell der wichtigsten, weltbekannten deutschen Märchen, selbst eine Geschichte hat, in der ein Graf auftaucht und eine spätere Königin, in der ein Kaiser von seinem treulosen Gefährten verraten wird und gigantische, aus vielen Schloten qualmende Riesen sein Leben bedrohen. Fast schon scheint er durch sie vernichtet zu sein, fällt in einen jahrzehntelangen Dornröschenschlaf, gerät in Vergessenheit. Dann aber kommt nicht nur ein Prinz; gleich mehrere sind es, die ihn leidenschaftlich wachküssen.

Aber zurück zum Anfang: Es war einmal ein Fluss, der Main, der im Fichtelgebirge und in der Fränkischen Alb entspringt, sich bei Kulmbach vereint – passenderweise nahe einem Schloss – und sich von dort aus auf einer Länge von 472 Kilometern durch Bayern, ein kleines Stück an Baden-Württemberg entlang und schließlich durch Hessen schlängelt.

Diese letzte, etwa 75 Kilometer lange Etappe ist die Heldin dieser Geschichte; wir legen sie mit dem Fahrrad zurück. Der Main-Radweg folgt dem Fluss treu um jede Windung, er

ist fast durchgängig asphaltiert, meist mehr als 2,50 Meter breit und ausgesprochen eben. Märchenhaft. 2008 wurde er als erster deutscher Radfernweg vom Allgemeinen Deutschen Fahrrad-Club mit fünf Sternen ausgezeichnet.

Kurz vor Seligenstadt führt der Radweg über den Fluss und damit über die Grenze von Bayern nach Hessen. Schon zur Zeit der Römer war das so: Ab etwa 90 nach Christus wurde der *Moenus* hier als Teil des Limes genutzt. In diesem gut 20 000 Einwohner großen Fachwerkstädtchen, zu dem sich das römische Grenzkastell entwickelt hat, beginnt also das hessische Finale des Mains.

Seligenstadt hieß noch schnöde Obermühlheim, als im Jahr 815 der Gefährte und Biograf von Kaiser Karl dem Großen hier ein Gut geschenkt bekam: Einhard. Mit dem hier von ihm gegründeten Benediktinerkloster machte er aus dem Gut schließlich jene namensgebende Stadt der Seligen. Die Legende sagt, der treulose Einhard sei mit der Tochter Karls des Großen durchgebrannt und habe sich hier versteckt. Als der Kaiser dann aber auf der Durchreise in einem Gasthaus Pfannkuchen serviert bekommen habe, zubereitet von seiner nun hier arbeitenden Tochter, habe er deren Geschmack sofort erkannt. Und ausgerufen: »Selig sei die

SELIGENSTADT

Übernachten
Direkt am Radweg liegt das **Hotel MainChateau** mit 21 Zimmern, Bar und Restaurant sowie gemütlichem Loungebereich mit Kamin.
Kleine Maingasse 16
www.mainchateau.eu

Anschauen
Highlights der 20 000-Einwohner-Stadt sind die Anlage des Barockklosters und die Basilika mit Reliquien der Heiligen Marcellinus und Petrus. Schön sind auch das gut erhaltene Fachwerkzentrum sowie zwei Bauten aus dem 12. Jahrhundert – das Palatium am Mainufer und das Romanische Haus beim Marktplatz.
Tourist-Information, Marktplatz 1
www.seligenstadt.de

Einkehren
Zum Frühstück und zur Kaffeepause sehr zu empfehlen: **Der Süße Löwer,** eine Patisserie mit Törtchen, die glücklich machen. Im Weinlokal **Bar Leander** gibt's abends leckere Tapas und gute Weine gleich bei der Basilika.
Der Süße Löwer: Kl. Maingasse 2
Bar Leander: Große Maingasse 8

Zweite Station: Hanau. Dank Rocky Musleh (links) und seiner Bar »Mein Main« (oben) entdeckt die Stadt seit Kurzem das lässige Leben am Fluss wieder

HANAU

Anschauen

Die Brüder Grimm (s. S. 48), aber auch die Goldschmiedekunst haben Hanau bekannt gemacht; schöne Beispiele sind im Deutschen Goldschmiedehaus zu sehen. Unterhaltsam erkundet man die weiteren Sehenswürdigkeiten der Stadt – Schlossgarten, Marienkirche, Neustädter Rathaus, Wallonisch-Niederländische Kirche, Schloss Philippsruhe, das Wilhelmsbad – bei den Kostümführungen der Tourist-Information. Begleitet wird man dabei von den Grimm-Brüdern, einem Römer oder einem Nachtwächter.
Tourist-Information:
Am Markt 14-18, www.hanau.de

Einkehren

Dass Rocky Musleh ein Händchen für coole Locations hat, zeigt er im **Mein Main Laden,** dem Burger-Café **Der Laden** und der Tapas-Bar **Goldmarie.** Schön für ein Glas Wein: das frisch renovierte **Weinhaus Gies.**
Mein Main Laden: Leinpfad
Der Laden: Salzstr. 23
Goldmarie: Altstädter Markt 3-5
Weinhaus Gies: Marktstr. 11-13

Stadt genannt, da ich meine Tochter wieder fand«. So steht es noch heute auf den roten Fachwerkbalken des ältesten Hauses der Stadt von 1596.

Neben den Legenden ranken, auch das ist Einhard zu verdanken, bis heute übermäßig viele Pflanzen in Seligenstadt. Die von ihm gegründete Klosteranlage samt Basilika hat zwar im Lauf der Geschichte auch ihre Dramen erlebt – den Bauernkrieg, den Dreißigjährigen Krieg, Napoleon – aber eben auch ihr ganz eigenes Happy End: Nicht nur sind die Barockbauten, überwiegend aus der zweiten Hälfte des 17. Jahrhunderts, aufs Schönste erhalten, auch der Barockgarten wurde seit den 1980ern detailgetreu rekonstruiert. Neben Zitronen und Orangen können hier heute etwa 200 Heilpflanzen aus dem Apothekergarten geerntet werden – einst wichtige Zutaten für die liebevoll eingerichtete Klosterapotheke der Anlage.

Auf den knapp 15 Kilometern zwischen Seligenstadt und Steinheim gibt sich der Main träge, über die Jahrhunderte hat man ihn hier begradigt, hat sein flaches Bett vertieft, ihn für die Schifffahrt gezähmt. Dass man kurz vor der Brüder-Grimm-Stadt Hanau ist, kündigt das Altstädtchen von Steinheim mit seinem rapunzelhaften Schlossturm an wie ein Fanfarensignal: Weiß, gekrönt von schwarzen

Türmchen ragt er über das Fachwerkhaus-Gewirr innerhalb der Stadtmauer hinaus. Auf der anderen Flussseite dagegen duckt sich Hanau hinter gefährlichen Riesen weg. Der Hafen der Stadt ist nach dem Frankfurter der zweitgrößte am Main, ist die Heimat von Chemiefirmen, Baustoffunternehmen, Großhandelsbetrieben. So wie hier dominierten auch in Frankfurt und Offenbach, in Höchst und in Rüsselsheim lange die Industriegiganten den Main, versperrten den Menschen den Weg ans Ufer und den Blick für den Fluss.

Selbst wo sie seine Nähe suchten, wandten sie sich von ihm ab: Anfang des 18. Jahrhunderts ließ sich Graf Philipp Reinhard westlich von Hanau ein Barockschloss nach französischem Vorbild errichten, Schloss Philippsruhe. Zum Main hin zeigt nur die Seitenmauer des Flügelbaus, Hauptbau und Hof sind zur nahen Stadt hin ausgerichtet.

Als er vor zehn Jahren nach Hanau zog, habe er eine ganze Weile gebraucht, um überhaupt zu bemerken, dass seine neue Heimatstadt am Wasser liegt, erzählt Rocky Musleh. »Der Main wurde hier lange nicht wirklich wahrgenommen.«

Dass der Fluss nun wahrgenommen, gar geschätzt und gesucht wird, dazu hat Musleh beigetragen: mit

Hanaus Highlights: Schloss Philippsruhe am Main (oben) und das Deutsche Goldschmiedehaus am Altstädter Markt (unten)

Dritte Station: Frankfurts Hafenpark mit dem »Oosten« (unten) oder dem Kunstverein »Familie Montez« von Mirek Macke (ganz rechts)

Vierte Station: Höchst. Vom Frankfurter Hafenpark aus keine 15 Kilometer flussabwärts und doch, etwa am Schlossplatz (oben), eine andere Welt

seinem »Mein Main Laden«, einer lässigen Mischung aus Liegestühlen, Steinofenpizza und Apfelwein, lockt er seit 2014 auf eine Wiese am Mainufer des Hanauer Stadtteils Großauheim. Lange hatte die Wiese brachgelegen. Nun ist sie eines der beliebtesten Feierabendziele der Gegend, einer der Orte, an denen der Main wieder den Menschen gehört. »Am Fluss zu sitzen, beruhigt die Menschen«, bemerkt Musleh, »hier müssen wir nicht mal Musik spielen, damit sie sich entspannen können.«

Fünf weitere Läden betreibt Musleh in Hanau, außerdem produziert er Apfelwein und gemeinsam mit einem Brenner den Gin »François«, benannt nach François de la Boë, dem Erfinder des Gins – auch er ein gebürtiger Hanauer. Musleh, als Fünfjähriger mit seiner Familie aus Afghanistan nach Deutschland gezogen, ist ein Tausendsassa, einer dieser modernen Prinzen, die den Main aus seinem Dornröschenschlaf wachküssen. Er selbst kommt zum Joggen an den Fluss, bringt seinen Sohn zum Spielen her, und dass er hier dann noch immer oft ganz für sich ist, lässt ihn den Kopf schütteln: »Das Mainufer ist so megaschön.«

Zaghaft mehren sich auf den gut 20 Kilometern bis Offenbach die Versuche, Breschen zu schlagen in das

Spalier aus Bäumen, Büschen und wilden Brombeerhecken zwischen Radweg und Fluss, immer öfter blitzt der Main durch, stehen überdimensionierte Holzliegen oder Picknickbänke an seinem Ufer.

Auch das Rumpenheimer Schloss am östlichen Anfang von Offenbach breitet seine dreiflügelige Anlage nun zum Main hin aus; im 19. Jahrhundert traf sich hier die weitverzweigte Verwandtschaft der hessischen Landgrafen. Österreichs Kaiser Franz Joseph kam ebenso wie der russische Zar Alexander III. oder Mary, die spätere Königin von England. Man dinierte, spazierte, sinnierte mit Blick auf den Main, und seit Kurzem steigern sich auch jetzt wieder die vielen kleinen Plätze am Fluss hin zu einer Promenade, schließlich gar zu einem neuen Quartier am Hafen (S. 66).

Hier, und noch mehr knapp zehn Kilometer flussabwärts in Frankfurt, führt der Radweg in die Zukunft der Flussufer von Seligenstadt, Hanau oder dem weiter westlich liegenden Rüsselsheim. Skater flitzen zu Füßen der neuen EZB-Zentrale durch die Pipelines, im 2015 eingeweihten Hafenpark gibt es Fuß- und Radwege, Sport- und Spielplätze, vor allem aber: eine Bühne für den Fluss. Frankfurt lebt schon lange nicht nur am, sondern auch mit dem Main,

FRANKFURT

Anschauen
Im Hafenpark im Ostend holt Frankfurt Luft: Picknickwiesen und ein Parcours, auf dem die Skater zeigen, was sie können. Außerdem ist hier der Kunstverein **Familie Montez** zu Hause, eine der hippsten Kulturadressen der Stadt. Noch viel mehr Kultur gibt es stadteinwärts auf der anderen Flussseite am Museumsufer. Schöner Foto-Stopp auf der Fahrt am Ufer entlang: die Fußgängerbrücke Eiserner Steg.
Familie Montez: Honsellstr. 7
www.kvfm.de

Einkehren
Mit Industriechic, Hafenflair und einer Dachterrasse mit Skyline-Blick hat sich das Restaurant **Oosten** zur ersten Adresse im Ostend gemausert. Ähnlich schön am Main sitzt man im Zentrum auf der Terrasse des **MainNizza**. Für alle, die lieber die entspannte Biergarten-Variante genießen: Die **Main Terrasse** am Sachsenhausener Ufer serviert spanische und Frankfurter Tapas.
Oosten: Mayfarthstr. 4
MainNizza: Untermainkai 17
Main Terrasse: Schaumainkai 5

Fünfte Station: Am Rande von Rüsselsheim zeigt das Häuserensemble der Opelvillen (beide Fotos) Kunst der Gegenwart und der Klassischen Moderne

HÖCHST

Anschauen

Die schönste Anfahrt: mit der Mainfähre. Der kleine Altstadt-kern zieht sich rings um den Schlossplatz, Blickfang ist das Alte Schloss, überwiegend aus der Renaissancezeit und mit gotischem Bergfried. Hier erzählen zwei Ausstellungen die Geschichte der Stadt und des Chemie- und Pharmakonzerns Hoechst AG. Sehenswert ist auch die Justiniuskirche aus dem 9. Jahrhundert.
Tourist-Information: Antoniterstr. 22, www.frankfurt-tourismus.de

Einkehren

Im Hof des Alten Schlosses gibt's im **Schlosscafé** guten Kaffee der Rösterei Dinzler und abends auch Wein oder Bier – wer will, sucht sich damit sein eigenes Plätzchen im kleinen Garten mit Blick auf den Main. Direkt am Fluss sitzt man in den Liegestühlen vor der **Alten Schiffsmeldestelle** bei (Apfel-)Wein, Long-drinks und kleinen Snacks.
Schlosscafé: Höchster Schlossplatz 16
Alte Schiffsmeldestelle: Schützenbleich

erzählt Julian Wékel, Leiter des Instituts für Städtebau und Wohnungswesen in München: »Die Stadt ist in Deutschland eine echte Vorreiterin für das Leben am Wasser.«

Anders als etwa Hamburg, das bis heute von seinem Fluss geteilt werde, sei Frankfurt schon lange beidseits des Mains gediehen. Klar, auch hier habe man den Fluss über Jahrhunderte vor allem als wichtige Infrastruktur gesehen: als Transportweg und als Möglichkeit, hier an der Furt Zoll für die Überquerung zu nehmen; später auch als Wasserquell und Abwassermöglichkeit für die Industrie. Vor allem aber der Ausbau des Museumsufers in den 1980ern veränderte das Flussufer, später entstand das neue Deutschherrnviertel beim ehemaligen Schlachthof und jüngst der Hafenpark zu Füßen des EZB-Gebäudes. Langsam, Jahr für Jahr und Projekt für Projekt avancierte das Ufer zur vordersten, beliebtesten, kreativsten Meile der Stadt.

Und so zog es auch Mirek Macke hierher, als er für seinen Kunstverein »Familie Montez« eine neue Bleibe suchte. Zuvor hatten er und seine Mitstreiterin Anja Czioska im Städelshof eine eigene Mischung aus Ausstellungen zeitgenössischer Kunst, Vorträgen, Filmen, Konzerten und

Partys etabliert. 2014 zog ihr Verein im wahrsten Wortsinn unter die Brücke: In zwei Bögen der Honsellbrücke am neuen Hafenpark ist die »Familie Montez« seitdem zu Hause.

Die Tür steht tagsüber immer offen, »bei uns bekommen die Skater ein Pflaster für ihr aufgeschlagenes Knie und die jungen Mütter einen günstigen Kaffee«, sagt Macke. Alle paar Wochen stellt ein anderer Künstler, eine andere Künstlerin hier aus, was bleibt sind die Perserteppiche auf dem Betonboden, die ausrangierten Plüschsessel und Ledersofas, die lässig-gemütliche Art, hier Kunst bestaunen zu können. »Kunst ist doch für die Menschen da«, weist Macke jeden elitären Kulturbegriff zurück und ruft zwei Kindern mit Hund ein »na klar« zu auf deren Frage: »Darf man die Sachen hier anfassen?«

Was in Frankfurt am Fluss entsteht, das ist stromauf wie stromab zum Pulsgeber geworden. Und so finden sich knapp 15 Kilometer weiter auf dem Main-Radweg, in Höchst, die Nachbeben dieses neuen Kreativpulses. Zwar verschließen sich auch hier das Schloss und die hübsche Fachwerkaltstadt hinter dicken Mauern; allzu lange war der Fluss nur Einfallstor für Angriffe oder Fluten gewesen. Aber auch hier, nur wenige

Das Finale: Bei Mainz mündet der Main (von links kommend) in den Rhein. Und macht sich dann auf den langen Weg Richtung Nordsee

Schritte entfernt von der kleinen Passagierfähre, die stetig von Ufer zu Ufer tuckert, wurde die Alte Schiffsmeldestelle in ein neues Liegestuhl-Café verwandelt. Seinen Aperol oder Apfelwein trinkt man auch in Höchst nun am liebsten mit Blick aufs Wasser.

Ja, sie hat etwas Märchenhaftes, diese allmähliche Wiederentdeckung des lange nur ausgebeuteten Flusses. Es sind gleich mehrere Akteure, die ihn wachküssen. Auch in Rüsselsheim entschied man sich Ende der 1990er, die leer stehenden Villen von Fritz Opel, Sohn des Gründers der Opelwerke, in einen Kunstmagneten zu verwandeln: Die gemeinnützige Kunst- und Kulturstiftung Opelvillen der Stadt zeigt hier heute zeitgenössische Kunst aus aller Welt in Wechselausstellungen, ein besonderes Augenmerk liegt darauf, junge Menschen für Kunst zu begeistern. Noch sucht man ringsum die coolen Flussbars

von Hanau, Offenbach, Frankfurt oder Höchst vergebens, aber man ahnt: Sie werden kommen.

Ende gut, alles gut: Für die Menschen, die das neue Leben am Main genießen, ebenso wie für den Main selbst. Zählte er in den 1970ern noch zu den am stärksten verschmutzten Flüssen des Landes, erholt er sich seitdem. Entlang des Radwegs holen Angler Wels und Zander aus dem Wasser, Barsch, Karpfen, Brassen. An den kleinen Badebuchten, die sich vor allem kurz vor der Mündung in den Rhein hier und da auftun, springen Kinder wie Erwachsene ins Wasser. Badequalität hat es offiziell noch nicht, aber auch dieses Happy End scheint nicht mehr fern. Und da er eben nicht gestorben ist, fließt er weiter, der Main: Tut sich bei Mainz mit dem Rhein zusammen und kurvt sich seinen Weg durch Deutschland und die Niederlande bis zur Nordsee. ◼

RÜSSELSHEIM

Übernachten
Stylishe Zimmer mit Boxspringbetten und teils Mainblick, dazu das angesagte Restaurant »Wellenlänge« und Weine vom eigenen Gut am Gardasee – das Hotel Höll am Main bietet ein Rundum-Glücklich-Paket. Mainstr. 17, www.hoellammain.de

Anschauen und Einkehren
In der alten Festung der Stadt zeigt das Stadt- und Industriemuseum, wie eng hier beides verbunden ist. Die Opelvillen, einst von Fritz Opel bewohnt, zeigen heute wechselnde Kunst. Sehr schön: der Blick auf den Main im hauseigenen Restaurant und auf dessen Terrasse. Tourist-Information: Faulbruchstr. 16, www.ruesselsheim.de

DIE BRÜDER
GRIMM

... kommen aus Hanau.
Ebenso einige ihrer
Märchen. Auf Spuren-
suche in einer Stadt,
deren Geist die Brüder
fürs Leben prägte

Überlebensgroße Legenden:
Die Bronze-Statue auf dem
Hanauer Marktplatz zeigt Jacob
Grimm stehend neben Wilhelm

Brüder-Grimm-Stadt: So nennt sich Hanau seit 2006 offiziell, und tatsächlich begegnen einem die beiden auf Schritt und Tritt. Eine Straße und eine Schule sind nach ihnen benannt, als Ampelmännchen regeln sie den Verkehr, sind sogar Namenspaten für eine mächtige Torte der Konditorei Schien. Immerhin wurden hier, keine 20 Kilometer östlich von Frankfurt, Deutschlands berühmteste Sprachforscher und Volkskundler geboren: 1785 Jacob, ein Jahr später Wilhelm Grimm. Es folgen dicht hintereinander Carl, Ferdinand und Ludwig, 1793 wird Charlotte geboren, die einzige Tochter der Eltern Grimm.

In jenen Jahren ist Hanau eine emsige Stadt, bekannt für ihre Woll- und Seidenstoffe, die überall in Europa gefragt sind. Landgraf Wilhelm IX., Regent über den Landstrich Hessen-Kassel, gilt als »weise und gütig«, als einer, der »die Musen liebt«. Unter seiner Herrschaft gibt es in Hanau ein Gymnasium, ein Theater, Lateinschulen. Viermal in der Woche erscheint eine Zeitung.

Jacob und Wilhelm atmen also schon früh den freien, aufgeklärten Geist, der sie Zeit ihres Lebens begleitet, obwohl die Familie nicht lange in Hanau bleibt. 1791 ziehen die Grimms ins 50 Kilometer entfernte Steinau, weil der Vater dort eine Stelle als Amtmann antritt. Die beiden ältesten Söhne beschreiten weiter ihren Weg gemeinsam: Gymnasium in Kassel, Studium in Marburg, später arbeiten sie als Bibliothekare, wirken als Professoren. Jacob nimmt 1848 sogar als Abgeordneter an der Versammlung des ersten gesamtdeutschen Parlaments in der Frankfurter Paulskirche teil.

1812 veröffentlichen die beiden Grimms den ersten Band ihrer »Kinder- und Haus-Märchen«. Für sie gelten die mündlich überlieferten Erzählungen von stolzen Königen, lieblichen Prinzessinnen und bösen Hexen als Stimme des Volkes, als »urdeutscher Mythos«, den es zu schützen gilt. »Es war«, schreiben sie, »vielleicht gerade Zeit, diese Märchen festzuhalten, da diejenigen, die sie bewahren sollen, immer seltener werden.« Die Quellen ihrer »Volkspoesie« sind Menschen aus ihrem Umfeld, die Schwestern Jenny und Annette von Droste-Hülshoff, die Gastwirtstochter Dorothea Viehmann. Eine der wichtigsten Beiträgerinnen der Grimm'schen Märchen

aber ist Marie Hassenpflug, die wie die Brüder ihre frühe Kindheit in Hanau verbracht hat. Die Familien sind befreundet, und so treffen Jacob und Wilhelm die etwas jüngere Marie später in Kassel wieder: Sie und ihre Schwestern besuchen das literarische »Kränzchen«, das die beiden Brüder Sonntagnachmittag abhalten.

Von Marie stammen etwa 20 Überlieferungen, darunter »Die sieben Raben«, »Schneewittchen«, »Rumpelstilzchen« und »Dornröschen«. Jacob und Wilhelm Grimm schreiben das Gehörte nieder und feilen so lange stilistisch daran herum, bis es ihrer Idee einer Volksdichtung am nächsten kommt. Gesammelt in den Gegenden »der Grafschaft Hanau« heißt es dazu schlicht im Vorwort ihrer Sammlung: Dabei entspringen viele Märchen eher dem Französischen; Maries Mutter ist Hugenottin.

Heute verknüpft Hanau – selbstredend Beginn der 600 Kilometer langen »Deutschen Märchenstraße« – die bekanntesten Grimm'schen Geschichten zu einem Spaziergang. Seit 2016 zieht sich auf etwa zwei Kilometer Länge der »Märchenpfad« durch Hanau: elf Haltepunkte, elf Skulpturen. Von »König Drosselbart« am Schlossplatz geht es durch die Alt- und Neustadt, vorbei an »Rotkäppchen«, dem »Gestiefelten Kater«, dem »Teufel mit den drei goldenen Haaren« und am »Tischlein deck Dich«.

Gleich zwei Märchen-Skulpturen stehen am Freiheitsplatz: »Daumerlings Wanderschaft« und »Brüderchen und Schwesterchen«. Früher einmal, als der Ort noch Paradeplatz hieß, stand hier das Geburtshaus der Grimms. Es wurde wie ein Großteil der Stadt im März 1945 durch einen Bombenangriff zerstört und später durch einen gesichtslosen Klotz deutscher Kleinstadtarchitektur ersetzt.

Auf dem Hanauer Marktplatz aber stehen die Brüder seit 1896 bis heute, überlebensgroß in Bronze gegossen: Jacob, der Ältere, steht; Wilhelm, der Jüngere, sitzt. Wobei man das, sagen zumindest die Hanauer, nie so genau wissen kann: Der Legende nach tauschen sie um Punkt Mitternacht ihre Plätze. ■

TEXT **FRANZ LENZE**
FOTO **GEORG KNOLL**

GRIMMS MÄRCHENREICH

Sich als Rotkäppchen oder Dornröschen verkleiden, auf Rapunzels Turm bouldern und sich sein ganz eigenes Märchen ausdenken: Im Schloss Philippsruhe wurde 2019 das erste deutsche Mitmach-Museum über die Brüder Grimm eröffnet. Deren Märchen sollen hier von Kindern nacherlebt und weitergesponnen werden. Das Museum richtet sich an Kindergarten und Grundschulkinder – passend zu der Stadt, in der die Brüder Grimm selbst ihre frühen Kindheitsjahre verbrachten.

Philippsruher Allee 45
www.museen-hanau.de

DIE KÖNIGE DER NACHT

FOTOS **ANJA JAHN**

»New Tel Aviv cuisine«
trifft auf extreme Lässigkeit:
Die »Bar Shuka« im Bahn-
hofsviertel ist der jüngste
Streich der Brüder Ardinast

David und James Ardinast haben Frankfurts Gastroszene aufgemischt wie kaum jemand sonst. MERIAN-Autorin Tinka Dippel ist mit den Brüdern durch die Stadt gezogen

DER ABEND
BEGINNT VEGETARISCH
UND EXTREM GUT
GELAUNT

Zwischen den Hochhäusern sieht man die Wolken nicht kommen, am frühen Abend nimmt die Stadt plötzlich eine Dusche. David und James Ardinast, beide ganz in Schwarz, sitzen schon in der »Bar Shuka«, als der Regen draußen auf die Straße prasselt. Die beiden sind pünktlich für unsere Tour durch die kommende Frankfurter Nacht, sie geben die Route vor, und niemand könnte das besser. Seit fast 20 Jahren sind sie zwei enorm kreative Motoren der Frankfurter Bar- und Restaurant-Szene. Das »Maxie Eisen«, weit über die Stadt hinaus berühmt für sein Pastrami, war ihre Idee, ebenso das edle »Stanley Diamond« – und die »Bar Shuka«, das Restaurant, in dem wir uns treffen. Während David noch dem Regen zusieht, fängt James sofort an zu erzählen.

Bar Shuka

»Wir hatten schon lange das Bedürfnis, ein authentisches israelisches Res-
taurant aufzumachen«, sagt er. Seit Ende 2018 gibt es die »Bar Shuka« – »Shuk« ist hebräisch für Markt. Die Inspiration dafür holten sie sich in Tel Aviv, wo ihr Vater seit 20 Jahren wieder lebt. Früher hat der Vater selbst in Frankfurt diverse Burgerläden betrieben, Gastronomie war bei David und James immer präsent. »Sie war aber nie unser Plan«, sagt James. »Und wir haben uns auch nie als reine Gastronomen gesehen.« Ihre Gedanken gehen weit über Menükarten, gute Zutaten und Restaurant-Styling hinaus. Sie sind die Enkel von Holocaust-Überlebenden, das Weltgeschehen spielte bei ihnen immer eine Rolle. Beide sind jetzt über 40, selbst Väter, sie sagen von sich selbst, dass sie immer bewusster leben.

Es gibt in der »Bar Shuka« auch Fleisch und Fisch, aber wir starten vegetarisch mit den zu Recht viel gerühmten Falafeln, dazu Auberginen-Carpaccio mit Linsen-Chips und
Granatapfelkernen. Die Küche ist groß und offen, was dort entsteht, sei ein Mix, meint James: »New Tel Aviv cuisine, eine Küche, die keine Grenzen kennt.« Das Restaurant ist aber auch ein Statement. »Freunde« steht zweimal in Leuchtschrift an der unverputzten Wand, einmal auf Hebräisch und einmal auf Arabisch.

Die Bar füllt sich nun schnell, sie war von Anfang an ein großer Erfolg, 2019 wurde sie mit dem Leaders Club Award für Deutschlands innovativstes Konzept ausgezeichnet. »Wir sind bekannt dafür, dass wir die Leute auch in die interessanten Ecken der Stadt holen«, sagt David und meint damit das Bahnhofsviertel, das lange verrufen war und in dem heute eine ziemlich extrovertierte Drogenszene, eine kreative Bar- und Restaurantszene und eine dynamische Geschäftswelt irgendwie zusammenfließen und sich gegenseitig weitgehend in Ruhe lassen.

Yaldy

»Mir hat mal jemand gesagt, das Bahnhofsviertel sei wie das Labor der Welt«, erzählt James, als wir die Moselstraße Richtung Main hinunterlaufen, und das finde er passend. Der Regen hat aufgehört, die Front des »Yaldy« ist zur Straße offen, der Gehsteig dort ist voller Menschen. Die Bar mit guter Küche hat 2020 eröffnet, einer ihrer Macher arbeitete zuvor als Barkeeper in der preisgekrönten »Kinly Bar« gleich um die Ecke. Unsere Drinks enthalten Tonkabohne, Grüne Soße und Sesam oder Kokos, Kurkuma, Tequila und Heidelbeere. Wir stehen an einem der hohen Tische direkt an der Straße.

Die Ardinasts klatschen sich mit jedem zweiten Menschen ab, das Bahnhofsviertel ist ihr Pflaster. Eine Weile haben sie hier auch einen Club betrieben, »Lido« hieß er. Die beiden spielen gern mit ihrem zwillingshaften Auftreten. Wer wohl der Ältere ist,

die Frage geht an mich und macht ihnen sichtlich Spaß. Weil sie wissen, dass man nur raten kann, die vier Jahre, die zwischen ihnen liegen, sind kaum auszumachen, James ist 48, David 44. Jahrelang haben sich die beiden kaum gesehen. James studierte in Boston Hospitality Administration, David ging nach London und Berlin, arbeitete als Barkeeper und lernte Werbekaufmann.

AMP

Allein auf dem fünfminütigen Fußweg zu dieser Bar an der Gallusanlage entdecken die Ardinasts zwei Läden, die sie noch nicht kennen. Frankfurt steht nie still, schon gar nicht hier, wo das Bahnhofsviertel sich in den Schluchten des Bankenviertels verläuft und jede kleine Wolke ihr Spiegelbild auf ein paar Wolkenkratzer wirft, bevor sie weiterzieht. Unmittelbar vor uns ragen einige der ganz großen Frankfurter auf, der

Frisch und würzig: Auberginen-Carpaccio in der »Bar Shuka«. Süß und cremig: Gelato von Rachel Dodoo-Mehl. Früher Abend und gute Stimmung: Autorin Tinka Dippel und James Ardinast in der Moselstraße. Bunt und intensiv: die Drinks im »Yaldy«

ZWISCHEN BAR UND KUNSTWERK SIND DIE GRENZEN FLIESSEND

Große Bühne
für das Frankfurter
Nachtleben: der
Opernplatz mit dem
Lucae-Brunnen
und der Alten Oper.
Kleiner Raum
für Kunst und Party:
das »AMP« an
der Grenze zwischen
Bahnhofs- und
Bankenviertel

Eurotower, der Commerzbank-Tower, der Taunusturm, der Omniturm.

Eine Bar am Fuß solcher Riesen muss sich Verhör verschaffen, »AMP« steht für Amplifier, Verstärker. Ihr Betreiber hat in Frankfurt Legendenstatus: Ata Macias ist auch Gründer des Technoclubs »Robert Johnson« in Offenbach und gleicht den Ardinasts darin, dass er alle paar Jahre eine neue Idee lebendig werden lässt. Mit dem »AMP« hat er einen Kunstraum geschaffen, in dem eine Spiegelskulptur von Tobias Rehberger von der Decke hängt und die Blicke auf sich zieht. Vom Aperitif bis zur wilden Party ist hier alles möglich. Wir bestellen Drinks, die »AMP Wallbanger« und »Equalizer« heißen.

Emma Metzler

Langsam wird mir klar, dass dies sehr viel mehr ist als ein kulinarischer Rundgang, die Brüder führen mich durch eine von ihnen kuratierte Frankfurt-Ausstellung, von einem Gastro- und Lebenskünstler zum nächsten. Wir gehen über den Main, hier weitet sich die Stadt, hier hat sie in den letzten Jahren an Grün, an Wassernähe und an Lebensqualität gewonnen wie nirgendwo sonst.

Am Südufer in Sachsenhausen liegt das Museum Angewandte Kunst mit dem Restaurant »Emma Metzler«. 2017 hat dort der junge Koch Anton de Bruyn übernommen. Wir probieren von seinen Vorspeisen, etwa marinierten Mozzarella mit Kirschtomaten und Wassermelone oder Rindertatar mit Petersilie-Brotbröseln. Anton weiß von jeder Zutat, woher sie kommt, er backt das Sauerteigbrot selbst – und verarbeitet hier komplette Schweine »nose to tail«. Den Ansatz hat er aus London mitgebracht, wo er im Spitzenrestaurant »The Clove Club« gekocht hat. Anton ist gebürtiger Frankfurter wie die Ardinasts, auch er war in der Welt

DIE WICHTIGSTE ZUTAT BEI ALLEN ORTEN: ABSOLUTE HINGABE

unterwegs, und auch er kam zurück an den Main.

Antipodean Gelato

Die Stadt entwickelt einen Sog und zieht viele ihrer Kinder wieder nach Hause. Aber sie hält auch Menschen fest, die der Zufall nach Frankfurt geführt hat. Wie die Australierin Rachel Dodoo-Mehl. Wir besuchen sie im Nordend, Frankfurts dichtest besiedeltem Stadtteil. Die Berger Straße, längste Einkaufsstraße der Stadt, führt mitten durchs Quartier, in einer ihrer Seitenstraßen liegt das »Antipodean«, Rachels Werk. Sie zog vor fünf Jahren mit ihrem Mann, einem Deutschen, an den Main. Dass sie vom anderen Ende der Welt kommt, soll der Name »Antipodean« ausdrücken. Ihr Gelato – sie sagt bewusst nicht »Eis« – macht sie hinter einer Glaswand selbst. Es ist nicht so arg gekühlt wie Eis, cremiger, zuckerärmer, und sie verzichtet auf jede Art

von Geschmacksverstärkern, verwendet nur natürliche Zutaten. In Sydney ist das Gelato schon lange sehr beliebt, Rachels Idee, es nach Deutschland zu bringen, hat in Frankfurt sofort funktioniert.

BKK

Mananya Chantarabamroongs Traum war authentisches Thai-Streetfood in lockerer Restaurant-Atmosphäre. Am Oeder Weg, am südwestlichen Rand des Nordends, hat sie ihn gemeinsam mit ihrem Mann Chanon Anfang 2020 wahr gemacht.

Die Ardinasts und die Chantarabamroongs kennen sich seit Jahrzehnten, Mananyas Schwiegereltern eröffneten 1974 im Bahnhofsviertel das »Bangkok«, es gilt als erstes Thai-Restaurant in Deutschland. David und James sind als Kinder mit ihrem Vater oft dort gewesen, und sie gehen immer noch gerne hin. Inzwischen haben es Mananya und ihr Mann

übernommen. Das »BKK«, so lautet der Flughafen-Code für Bangkok, ist der Laden, den sie zusätzlich schon lange machen wollten.

Es ist ein Gesamtkunstwerk geworden, in dem es zu jedem Detail eine Geschichte gibt. Die Rezepte und die Einrichtung hat Mananya aus verschiedenen Regionen Thailands nach Frankfurt gebracht: schlichte Metalltische, Plastikstühle, handbemaltes Geschirr, riesige Glastöpfe, gefüllt mit Kräuterschnäpsen.

Auf unserem Tisch ist bald schon kein Platz mehr, Mananya bringt frittierte Hühnerhaut, Papayasalat, Zitronengras-Bratwurst, scharfes Rinderhack, gebratenen Wasserspinat, Hot Pot mit Tiger Garnelen – und dazu perfekt gekühlte Weiß- und Roséweine. Die würde man in einer Thai-Garküche nicht bekommen, aber sie passen extrem gut zu ihren Kochkunstwerken – von denen wir wesentlich mehr essen als wir eigentlich noch können.

Pop-up am Opernplatz

Danach spazieren wir ein Stück durch die angrenzende Innenstadt, auch durch die Goethestraße, Frankfurts Adresse für Chanel, Hermès und Louis Vuitton. In einer kleinen Parallelstraße sind die Ardinasts zu Gastronomen geworden. »Unser Großvater hatte gesagt: ›So lange ich lebe, geht in dieser Familie keiner mehr in die Gastronomie‹«, erzählt James. Der Großvater starb im Jahr 2000, 2002 zogen die beiden ein Konzept aus der Schublade und eröffneten die »IMA Multibar«, von deren Wraps die Stadt noch heute spricht. IMA (Mutter) ist bis heute ihre Dachmarke, inzwischen bringen sie ihre Ideen auch bei anderen Unternehmen ein. Aber die Bar machten sie nach einigen Jahren zu, der Mietvertrag wurde nicht verlängert. Frankfurt ist einer der überdrehtesten Immobilienmärkte des Landes, am Opernplatz zeigen die beiden mir ein gutes Beispiel – auch dafür, welche Zwischenräume sich hier für Gastronomen öffnen. Gegenüber der Alten Oper, die im Krieg zerstört und Ende der siebziger Jahre wieder aufgebaut wurde, an einem der beliebtesten Plätze der Stadt, steht ein riesiges Geschäftshaus leer. Der längst beschlossene Abriss wurde immer wieder verschoben. Im Sommer 2020 haben sich verschiedene Restaurantbetreiber zusammengetan, um die Fläche zu nutzen. »Das ist das Schöne hier in Frankfurt, dass viele Gastronomen sich gegenseitig supporten«, sagt David. »Frankfurt wird auch in der Gastronomie langsam zur Metropole.« Und zwar zu einer, in der man noch viel bewegen könne.

Wir sitzen draußen und sehen Menschen zu, die vor der Oper Tango tanzen. Ganz versunken wirken sie. »Als ob es kein Drumherum gibt, das ist untypisch für Frankfurt«, meint David. Und während wir, obwohl wir abgewunken haben, großartige Pasta serviert bekommen – man kennt sich

Restaurant-Mix auf Zeit: das Pop-up am Opernplatz. Traumhaftes Thai-Food zum Teilen: im »BKK« sollte man so viel wie möglich probieren. Feine Küche im Museum: Im »Emma Metzler« kommt Koch Anton de Bruyn mit an den Tisch

Wo die Nacht einen besonderen Zauber hat: im »Funky Mr. Salvador« (links) und in der »Bar Marmion«

NOCH EIN LETZTER DRINK IN EINEM HINTERHOF MIT STIL

auch hier – erzählen die Brüder, dass sie es in nächster Zeit so machen wollen wie diese Tänzer: sich auf das konzentrieren, was sie gerade tun, eher entschleunigen. Ich kann mir gut vorstellen, dass sie dennoch gerade wieder auf neuen Ideen herumdenken.

Funky Mr. Salvador

Noch einmal geht es ins Nordend, jetzt zu diesem Restaurant mit Bar, 2020 eröffnet von Duran Özer, auch er ein Frankfurt-Heimkehrer. Er hat für die Ardinasts im »Maxie Eisen« gearbeitet, davor war er als Schauspieler am Sächsischen Staatsschauspiel in Dresden. »Ein extrem guter Gastgeber«, sagt David, »was er macht, ist fast schon intellektuelle Gastronomie.« Lange sitzen wir bei Kerzenschein im hinter dem Restaurant versteckten Hinterhof und reden über die Welt nach Corona und den Zauber, den sowohl ein gutes Theaterstück als auch ein guter Abend an einem Ort wie diesem entfalten kann.

Duran bringt uns Duroc-Schwein und Pastete zum Teilen, und dass wir es nach diesem Abend noch aufessen, sagt alles über die Qualität. Danach mixt er jedem einen Drink nach Wunsch-Beschreibung.

Bar Marmion

Den Absacker nehmen wir im Ostend, wo beide Ardinasts wohnen. Das einstige Arbeiterviertel rund um den Osthafen liegt jetzt auch nah an der Europäischen Zentralbank und ist selbst für Frankfurter Verhältnisse eines, das sich extrem schnell wandelt. 2019 eröffnete hier das Hotel »Lindley Lindenberg«, und ganz oben liegt diese bis ins kleinste Detail stilvolle Bar – in der wir dann bald auch die letzten Gäste sind.

Die Brüder warten, bis mein Taxi kommt, verabschieden sich herzlich und versichern, sie hätten noch mehr zu zeigen. Und es gäbe ja auch noch die Tage in Frankfurt. Ich freue mich auf das, was sie mit ihnen vorhaben. ■

VILA VITA

MARBURG

EINZIGARTIG. VIELFÄLTIG.

Auf der Suche nach einem Ausflugsziel für einen erholsamen Kurztrip?

Herzlich willkommen in der Genussmetropole Mittelhessens, herzlich willkommen in Marburg! Idyllisch gelegen, nur 45 Autominuten nördlich von Frankfurt, begrüßt Sie eine der schönsten Städte Hessens, und gleichzeitig ein Hotspot für Gourmets und Weinliebhaber – dafür sorgt die „VILA VITA Marburg". Einzigartig vielfältig: Mit viel Liebe zum Detail entstanden verschiedene Orte, die Ihnen ein besonderes Wohlfühlerlebnis bereiten – geboten wird stets ein „Tick" mehr, als Sie erwartet hätten. Freuen Sie sich auf erholsame und genussvolle Tage abseits des Alltags!

VILAVITAMARBURG.DE

1978

Im Bankenviertel hat Frankfurt die Kriegsschäden längst hinter sich gelassen und wächst Richtung Himmel, sein altes Herz aber bleibt auch drei Jahrzehnte nach Kriegsende eine Brache. Beim Blick vom Dom auf die drei gestuften Giebel des Frankfurter Rathauses namens Römer sieht man vor allem Beton gewordene Ratlosigkeit. Geradezu verloren wirkt die Alte Nikolaikirche aus dem 13. Jahrhundert an der Südseite des Römerbergs (links im Bild), sie ist eines der wenigen historischen Gebäude, die den Bombenhagel des Zweiten Weltkriegs überstanden haben. Sehr viel mehr getan hat sich bereits an der Nordseite des Römerbergs: Der elliptische Rundbau der Paulskirche ist schon lange keine Ruine mehr, architektonisch aber zurückgenommener als einst. Das Steinerne Haus, im Bild links davor, wurde bereits in den sechziger Jahren aufwendig rekonstruiert, seit 1962 ist es Heimat des Frankfurter Kunstvereins. Der Betonriese direkt nebenan, 1974 eröffnet, ist vielen Frankfurtern auch nach vier Jahren an Ort und Stelle ein Graus, ein krasser Bruch mit der verlorenen Kleinteiligkeit ihrer alten Stadt: das Technische Rathaus der damals jungen Frankfurter Architekten Bartsch, Thürwächter und Weber. Der Bau im Stil des Brutalismus war hoch umstritten, großen Flugblattaktionen und lautstarken Protesten zum Trotz steht er im Herzen der Stadt und hat quasi alle Erinnerungen an die einstige Kleinteiligkeit und auch die eine oder andere Sichtachse unter sich begraben.

Ein Paradox mit Charme

Eine Brache und Beton beherrschten Jahrzehnte den Blick vom Dom Richtung Römer. Bis Frankfurt 2018 ein Mammutprojekt vollendete: die **Neue Altstadt**

2020 Das Technische Rathaus ist Geschichte, die Kleinteiligkeit ist zurück. Bereits 1986 wurde die Kunsthalle Schirn mit ihrer auffälligen Rotunde eröffnet, links davon 2017 der lang gezogene rote Neubau des Historischen Museums. Beide haben Gegner und Fans, nichts aber hat die Frankfurter Gemüter im letzten Jahrzehnt so bewegt wie die Neue Altstadt, mit weniger als 0,5 Quadratkilometern jetzt der kleinste Stadtteil. 35 Häuser sind entstanden, 15 davon originalgetreue Rekonstruktionen, 20 zeitgenössische Entwürfe mit historischen Bezügen. Rund 200 Millionen Euro hat das Ensemble gekostet. Besser sicht- und nachvollziehbar ist nun wieder der »Krönungsweg«, den einst die frisch gekrönten Kaiser vom Dom zum Römer beschritten.

»DIESE ALTSTADT KANN ZUM MODELL WERDEN«

Jan Gerchow vor der
Goldenen Waage,
einem Schmuckstück
der Neuen Altstadt

Jan Gerchow kam 2005 als Direktor des Historischen Museums
an den Main und sah der Neuen Altstadt gleich nebenan beim Wachsen zu –
für Frankfurt eine Operation am offenen Herzen. Er sagt: Sie ist gelungen

INTERVIEW **TINKA DIPPEL** FOTO **ANJA JAHN**

MERIAN: Hat Frankfurt mit der Neuen Altstadt etwas Altes zurück- oder etwas Neues dazubekommen?
JAN GERCHOW: Beides. Es war ja alles weg, und das, was zurückgekommen ist, ist ziemlich neu. Frankfurt galt vor dem Zweiten Weltkrieg als eine Stadt der städtebaulichen Tradition, als Kaiserstadt mit Altstadtgassen, in der man das Mittelalter noch spüren kann. Es hatte flächenmäßig die größte im Mittelalter fußende Altstadt Deutschlands. Später hat dann das Neue deutlich überwogen, durch das Wirtschaftswunder und die Ansiedlung der Banken wurde Frankfurt die einzige amerikanische Stadt in Deutschland. Das Besondere an Frankfurt in der Nachkriegszeit sind für mich die Brüche, ist das Nebeneinander von zu klein und zu groß.
Gab es gerade dadurch, dass so wild in die Höhe gebaut wird, eine Sehnsucht nach Kleinteiligkeit und Verwurzelung?
Ich denke schon. Hier gibt es ein Bedürfnis nach Wiedererkennung, nach Spuren, nach Dingen, die bleiben. Vor allem, je mehr sich der Investorenzyklus in Frankfurt durchgesetzt hat, nach dem Motto »was abgeschrieben ist, kann eigentlich wieder weg«.
Finden Sie die Neue Altstadt gelungen?
Als ich 2005 nach Frankfurt kam, haben bei mir eher die Bedenken überwogen – auch deshalb, weil das Neubauprojekt unseres Museums

zeitgleich verlief. Der Neubau ging genau in der Zeit los, als sich Proteste zu Büro- und Hotelplänen zwischen Dom und Römer formierten. Wir wurden konfrontiert mit der Forderung, auch hier Fachwerkhäuser wieder aufzubauen, das Museum wurde einmal sogar quasi von Demonstranten besetzt. Inzwischen akzeptieren die Frankfurter unser Haus als Beitrag zur Stadtreparatur. Das ist es auch, aber ein ganz anderer als die Neue Altstadt. Hier wurden alte Strukturen quasi modern weitergebaut. Dort steht man nun vor einem Ensemble, bei dem man nicht so genau weiß: Ist das neu oder alt? Insofern passt es sehr gut zu Frankfurt.
Der Neubau des Museums und die Idee einer neuen Altstadt waren Stoff für viele Debatten, die hin- und hergingen. Ist das Ergebnis ein Kompromiss oder ein Frankfurter Modell?
Es ist schon eine Frankfurter Lösung daraus geworden, die auch über die Stadt hinaus interessant ist: Dort, wo man noch Informationen und auch ein bisschen Material hat, kann man versuchen, zu rekonstruieren. Aber so ein Ensemble kann eben auch Elemente haben, die aus der Gegenwart kommen und nicht so tun, als seien sie alt – wie zum Beispiel in Dresden. Hier kann man die Rekonstruktionen genießen, wird aber auch immer wieder in die Gegenwart geführt. Des-

Das Historische Museum
mit seinem Neubau des Stuttgarter Architekten Arno Lederer ist ein Stadtmuseum der Luxusklasse. Es zeigt Frankfurt im Lauf der Epochen und in allen Facetten. Tolles Entree: die große Schneekugel mit acht Stadtmodellen verschiedener Künstler, die sich auf bestimmte Aspekte konzentrieren, etwa »die ewige Baustelle« oder »die Geldstadt«. Faszinierend: die beiden historischen Modelle der Treuner-Brüder, die Frankfurts Altstadt vor und nach dem Krieg zeigen. Highlight: Das 2017 fertiggestellte, 70 Quadratmeter große Stadtmodell des niederländischen Künstlers Hermann Helle, der Frankfurt mit einem Mix etwa aus Bleistiften, Brettspielen und Jetons nachgebaut hat
Saalhof 1
www.historisches-museum-frankfurt.de

Das **Alte Kaufhaus** der Baseler Architekten Morger + Dettli wird viel gelobt für seine reduzierte Formensprache, die sich gut in die Altstadt einfügt

Die **Goldene Waage** ist der Star der Neuen Altstadt. Federführend bei ihrer Rekonstruktion war der Frankfurter Architekt Jochem Jourdan

Alter Esslinger heißt das rekonstruierte Haus im Renaissancestil aus dem 17. Jahrhundert. Nebenan, im Esslinger, lebten einst Goethes Tante und Onkel

Zu den drei Römern ist ein zeitgenössischer Bau mit historischen Fragmenten. Vom Römer aus gesehen steht er am Eingang der Neuen Altstadt

halb habe ich alle Kritik, die ich anfangs hatte, abgelegt.

In Ihrem Haus stehen zwei Stadt-Modelle der Brüder Treuner: das Altstadt-Modell, ab 1926 in brillanter Detailarbeit über Jahrzehnte entstanden, und das Trümmer-Modell, das die Altstadt-Zerstörung nach dem Krieg zeigt. Welche Rolle haben sie bei der Entstehung der Neuen Altstadt gespielt?

Das Treuner-Modell der Altstadt war lange Zeit nach dem Krieg quasi die Altstadt, weil die eigentliche Altstadt nicht mehr da war. Es hatte eine Ersatzfunktion, da führten die Frankfurter ihre Gäste hin und erklärten, wie es früher ausgesehen hatte. Jetzt gehen diese Leute in die wieder aufgebaute Altstadt. Das Zerstörungs-

»

MAN GENIESST DIE REKONSTRUKTIONEN, WIRD ABER AUCH IMMER WIEDER IN DIE GEGENWART GEFÜHRT«

modell, 1947/48 entstanden, hatte auch eine Funktion. Es ist ein übersteigertes Bild, ein kumuliertes Zerstörungsbild, das sagt: Räumt mich weg, ich kann nicht wieder aufgebaut werden.

Nun ist Frankfurts Altstadt aber auf ihre Art wieder da. Wie wichtig war, dass sie als Ensemble zurückkam?

Es geht dort nicht um einzelne Gebäude. Das Besondere ist die Verschachtelung, das Ineinander, das kann man nur mit einem gesamten Stadtviertel schaffen.

Warum hat es so viele Jahrzehnte gedauert, bis die Fläche bebaut wurde?

Für mich ging das schon Mitte der achtziger Jahre los, mit dem Wiederaufbau der Alten Oper, der Ostzeile, der Saalgasse. Das waren alles Projekte, die so was wie Stadtreparatur versucht haben. Und das ist, finde ich, der Anknüpfungspunkt für die Neue Altstadt. Da gibt es also schon eine Brücke, das hat nicht einfach 60 Jahre gedauert.

Das Technische Rathaus, das dann der Altstadt weichen musste, wurde doch aber schon 1972 eröffnet.

Ja, in einer Phase, in der man von den alten Stadtformen nichts wissen wollte, in der man an die ungebremste

Machbarkeit des Neuen geglaubt hat. Diese Architektur war ein Abschied von der Vorkriegsbebauung, ein markanter Bruch mit Ikonen der Stadttradition wie Römer und Dom.

Meinen Sie, es geht weiter mit Stadtreparatur und Rekonstruktion?

Das Thema ist schon wieder da, mit der Paulskirche. Kirche und Paulsplatz sind in den Fokus gerückt, weil das 175-jährige Jubiläum von 1848 vor der Tür steht. Die Kirche muss saniert werden, es soll ein Demokratiezentrum entstehen. Es gab schon direkt nach dem Krieg im Kontext von 1948 Überlegungen, wie man mit der Paulskirche umgeht. Ihr Wiederaufbau und ihr Umfeld wurden ein großes Thema. Das kommt jetzt alles wieder.

Haben Sie das Gefühl, dass die Frankfurter die Neue Altstadt angenommen haben?

Am Anfang war es dort so touristisch, dass die Frankfurter eher einen Bogen darum gemacht haben. Aber durch Corona, seit der Tourismus fast wegfällt, haben sie die Altstadt für sich erobert. Jetzt wird die Altstadt wirklich genutzt, und das wird sich, glaube ich, auch nicht wieder verändern.

DIE OFFENHEIT

Frankfurts kleine Schwester bekam lange kaum
Aufmerksamkeit und nutzte die Zeit, um sich aufzu-
polieren. Das Ergebnis: eine kleine Weltstadt mit
neuem Hafen und jeder Menge Freiraum für Künstler

TEXT **SANDRA DANICKE** FOTOS **MARKUS BASSLER**

VON OFFENBACH

Der alte Hafen hat Karriere gemacht.
Aus einer verlassenen Industrie-
brache wurde ein neues Quartier zum
Ausgehen und Wohnen

Heiner Blum kam als Künstler, blieb als Professor, wurde Stadtgestalter und ist heute überzeugter Offenbacher

E inen günstigen Atelierraum, mehr suchte er eigentlich nicht. Heiner Blum, der damals als Künstler in Frankfurt lebte, fand ihn keine zehn Kilometer östlich, in Offenbach. Dort waren die Mieten noch niedrig. 23 Jahre ist das her, seitdem lebt Heiner Blum in Offenbach, und genauso lange lehrt er als Professor an der Hochschule für Gestaltung, heute eine der renommiertesten Kunsthochschulen des Landes und kreativer Motor der Stadt. »Offenbach ist die nationenreichste Stadt unserer Republik, jeder Gang durch die Straßen ist eine kleine Reise um die Welt«, so erklärt der Künstler, warum er in der Stadt, die mehr zufällig seine Heimat wurde, nach wie vor glücklich ist.

Dass er das überhaupt erklärt, liegt daran, dass Offenbach lange Zeit in Verruf geraten war und als wenig attraktive kleine Schwester im Schatten der boomenden Metropole Frankfurt stand. Dabei war Offenbach noch im 19. Jahrhundert ein florierender Industriestandort, galt als Zentrum der Lederwaren-Fabrikation mit einer sehr hübschen Altstadt. Vom Portemonnaie bis zum Schuh wurde dort so viel Leder verarbeitet wie nirgends sonst im Land. An das alte Offenbach erinnert heute das rot leuchtende Isenburger Schloss, ein Renaissancebau aus dem 16. Jahrhundert mit Arkaden, Pfeilern und Figuren. Einst war es das Residenzschloss der Grafen von Isenburg, zwischenzeitlich diente es als Buntpapierfabrik oder Turnsaal. Seit der Jahrtausendwende wird es von der HfG genutzt, an der Heiner Blum lehrt.

Ein großer Teil der Altstadt fiel wie in Frankfurt den Kriegsbomben zum Opfer, und die Wiederaufbauten der Nachkriegsjahrzehnte hinterließen in Offenbach einen architektonischen Flickenteppich aus stattlichen Gründerzeitbauten, schlichten Nachkriegswohnhäusern – und einer teils brachialen Betonschneise, die mitten durch das Zentrum führt. Die erste Begegnung mit der Stadt mag für manche Besucher wenig einladend wirken, doch spätestens auf den zweiten Blick offenbart sie einen Charme, durch den sie längst zum gar nicht mehr so geheimen Geheimtipp avanciert ist.

Dass es so gekommen ist, liegt am Engagement vieler Offenbacher. Heiner Blum, inzwischen 61 Jahre alt, ist einer von ihnen.

> »
> Ich sollte einen
> Club dekorieren,
> dabei fand
> ich einen leeren
> Raum.
> Der wurde dann
> unser eigener
> Club,
> das ›Robert
> Johnson‹
> «

Ein Mann, der die Dinge ins Rollen bringt. Der Künstler wurde 1997, kurz nachdem er sein Atelier bezogen hatte, Professor für Experimentelle Raumkonzepte an der HfG. Damals war die Hochschule in der Stadt noch kaum präsent – heute sind viele öffentliche Flächen Spielwiesen der Studierenden, Stadt und Hochschule befruchten sich gegenseitig. Mit Vertretern aus Politik und Wirtschaft gründete Blum vor mehr als zehn Jahren einen Kreativbeirat. »Alle Leute, die Entscheidungen treffen konnten, saßen mit am Tisch«, erinnert er sich. So konnten für die HfG eine neue Professur für »Kreativität im urbanen Kontext« und ein Atelierhaus im alten Zollamt eingerichtet werden. Wer heute durch Offenbach spaziert, entdeckt Fassaden- und Asphaltgemälde und stößt immer wieder auf temporäre Installationen in Schaufenstern.

Die Qualität der HfG hat den Ruf Offenbachs als Stadt, in der es sich als Künstler und auch sonst gut leben lässt, enorm gepusht. Auch Jens Lehmann ist ihm gefolgt. Der Künstler zog vor vier Jahren ins Offenbacher Nordend, weil er dort ein Atelier für seine großformatigen Bilder und Installationen fand. Die Räume, die man in Frankfurt mieten konnte, erschienen ihm zu konfektioniert: »Ich war auf der Suche nach einem außergewöhnlichen Ort – und bin hier in kürzester Zeit fündig geworden.«

Gemeinsam mit seiner Frau kaufte er ein ramponiertes ehemaliges Ladengeschäft aus den fünfziger Jahren und baute es zum Arbeits- und Wohnraum um. Wer an der schwarz gekachelten Fassade vorbeikommt, wirft unwillkürlich einen Blick durch die großen Schaufenster und kann dem Künstler beim Arbeiten oder Kochen zusehen. »Ich war relativ schnell begeistert von der Stadt«, sagt Lehmann: »Hier treffen sich Familien auf öffentlichen Plätzen, ohne den Zwang, zu konsumieren. Freizeit funktioniert hier auch ohne Aperol Spritz.« Immer wieder mal klopfe jemand bei ihm, um zu erfahren, woran er da so arbeite. »Manchmal machen Mädchen Selfies vor meinem Fenster.« Die größte Überraschung für ihn: »Dass ich so

1 | Mitten in Offenbachs Zentrum steht der verschachtelte Riese namens Gothaer Haus
2 | Der Supermarkt »Aveirense« bringt portugiesische Spezialitäten nach Offenbach
3 | Am Main, in fast dörflicher Atmosphäre, liegt das Kulturzentrum »Hafen 2«

Ein Marktplatz für Blumen, Gemüse, Fleisch, Käse und Neuigkeiten aus Offenbach: Der Wochenmarkt findet seit mehr als 100 Jahren auf dem Wilhelmsplatz statt

viele Kollegen aus Frankfurt wiedergetroffen habe. Ich dachte ja, ich sei hier fremd.«

Lehmanns Liebe zu Offenbach schließt auch einige der umstrittenen Gebäude ein, die dort in den Jahrzehnten nach dem Zweiten Weltkrieg entstanden. »Hier habe ich die Architektur wiedergefunden, die sie in Frankfurt längst abgerissen haben«, schwärmt er. Da ist etwa das Gothaer Haus, einst Versicherungssitz, ein verschachteltes und verspiegeltes Hochhaus, das in den siebziger Jahren von den Darmstädter Architekten Martin Müller und Peter Opitz für ein spitzwinkliges Grundstück zwischen Berliner Straße und Domstraße entworfen wurde – als multifunktionaler Komplex zum Wohnen, Arbeiten und Einkaufen. Der Bau aus braunem Spiegelglas, türkisgrünen Betonsäulen und weißem Trapezblech sieht von jeder Seite anders aus – wie eine komplex verschachtelte Skulptur, in der sich die Wolken spiegeln. »Wunderbar eigenwillig«, findet Lehmann. »Ein Gebäude, das sich einem nicht an den Hals wirft.«

Was der Künstler in Offenbach auch besonders schätzt, sind die kleinen Läden mit ihrem internationalen Angebot. Einer seiner Favoriten ist die Käsefabrik L'Abbate, ein italienisches Feinkostgeschäft, das versteckt in einem Hinterhof liegt. Ihren Mozzarella und Ricotta machen die L'Abbates selbst, und zwar so gut, dass ihr Laden längst Kultstatus hat. Ihr Geschäft gibt es bereits seit mehr als 50 Jahren. 1964, als der Ingenieur Antonio L'Abbate der Arbeit wegen aus Apulien nach Offenbach kam, war er mit dem deutschen Essen unzufrieden. »Mein Vater war ein Feinschmecker. Da fing er eben an, seinen Käse selbst zu produzieren. Eine Schnapsidee«, lacht Vito L'Abbate, ein Mann Anfang 60, dessen hessischer Akzent kein bisschen auf seine Herkunft schließen lässt.

Anfangs habe man den Mozzarella noch von Hand im 85 Grad heißen Wasser geknetet. »Mein Vater hatte riesige rote Pranken«, erzählt Vito L'Abbate. Als der Vater 1977 starb, war er der einzige von vier Söhnen, der mit 18 Jahren alt genug war, den Betrieb zu übernehmen. Einige Jahre später lernte er im Urlaub in Italien seine Frau Andrea kennen, eine gebürtige Offenbacherin. Sie ist heute für die Erfindung neuer Rezepte zuständig und schmeißt mit viel Charme den winzigen Hinterhofladen.

> »
> Der Ort, den ich suchte, sollte außergewöhnlich sein. Hier bin ich in kürzester Zeit fündig geworden
> «

Andrea L'Abbate hat für jede Kundin ein paar nette Worte übrig, jeder darf ihre neuesten Kreationen probieren. »Es ist egal, wie alt du bist, es sei denn, du bist ein Käse«, hat sie mit Kreide auf eine kleine herzförmige Tafel geschrieben. Anfangs seien nur Italiener gekommen, erzählt sie. Inzwischen stehen zahlreiche Kunden aus Frankfurt und Umgebung in der oft viele Meter langen Schlange, auch gute Frankfurter Restaurants wie das »Emma Metzler« im Museum Angewandte Kunst beziehen Ricotta und Mozzarella von hier.

Es sind Offenbacher wie die L'Abbates, die den besonderen Charme der Stadt ausmachen. Menschen aus 159 Nationen sind hier zu Hause, mehr als 60 Prozent der fast 140 000 Einwohner haben einen Migrationshintergrund. Und die Mischung aus vielen Kulturen scheint weniger ein Problem, als Teil der Offenbacher Identität zu sein. Weil es vielen der damals so genannten Gastarbeiter so ging wie Antonio L'Abbate, gibt es in der kleinen Weltstadt zahlreiche Geschäfte, wie man sie sonst nur aus dem Urlaub kennt: den portugiesischen Supermarkt Aveirense, in dem Heiner Blum immer seinen Vinho Verde und den selbst gebackenen Kuchen kauft. Die polnische Konditorei Café Saumon, in der Jens Lehmann die Karamell-Cremeschnitte liebt, das griechische Geschäft Konstantinidis, in dem man frischen Fisch und mediterrane Speisen bekommt, die afghanische Bäckerei Naane Watan, die für ihr meterlanges Vollkornfladenbrot berühmt ist.

Und dann gibt es noch den Wochenmarkt, der seit mehr als 100 Jahren dreimal die Woche den zentralen Wilhelmsplatz füllt. Ein Bummel entlang seiner vielen bunt bestückten Stände ist ein Erlebnis. Da verkauft ein italienisches Paar Fleischtomaten groß wie Kinderköpfe und zigarrendünne Auberginen, wenige Schritte weiter offerieren die »Oberräder Frauen« Berge von Salaten. Der Markt ist ein beliebter Treff,

Jens Lehmann hat sein Atelier von Frankfurt nach Offenbach verlegt – und seine Wohnung gleich mit

Vito L'Abbate (hier mit seiner Frau Andrea) übernahm den Laden seines Vaters – sein Feinkostgeschäft hat längst Kultstatus

auch die Cafés rund um die Stände sind an den Markttagen Dienstag, Freitag und Samstag immer gut gefüllt. Hier mischt sich die ganze Stadt, und hier zeigt sich, was den Offenbachern nachgesagt wird: dass sie tolerant, bodenständig und redselig sind.

Das zeigt sich auch am Main, den sie sich in den letzten Jahren zurückerobert haben. Ein Weg führt direkt an seinem Ufer entlang Richtung Frankfurt. Hier trifft man auf Schwäne, Enten und Gänse, zwischendurch sieht man auch mal einen Kranich. Kanus, Boote und SUPs gleiten relativ geräuschlos vorbei. Dann ragt ein großer blauer Kran ins Blickfeld, er ist ein Relikt aus der Zeit des alten Offenbacher Industriehafens und inzwischen das Wahrzeichen des neuen Hafenquartiers, das in den letzten zehn Jahren gewachsen ist. Wer den Kran hinaufklettert, blickt von einer Plattform in neun Meter Höhe auf das neue Wohngebiet für kaufkräftige Offenbacher – und Frankfurter, die hier zu Offenbachern werden.

Dieser Hafen, entstanden im 19. Jahrhundert, war im Zweiten Weltkrieg komplett zerstört worden. Wieder aufgebaut wurde er als Ölhafen, viel Kerosin für den Frankfurter Flughafen etwa kam von hier. Durch die Ölkrise verlor er an Bedeutung und wurde nach und nach zur Brache – deren Potenzial ein Paar aus Frankfurt schon früh erkannte. Andrea Weiß und Alexander Braun kamen vor 20 Jahren nach Offenbach, um einen kleinen, aber sehr hippen Elektroclub in der Innenstadt zu übernehmen. Dann erfuhren sie, dass am Hafen ein alter Lokschuppen zur Zwischennutzung frei wurde, und eröffneten dort ein Kulturzentrum, das bald auch über die Stadtgrenzen hinaus beliebt war. Als die beiden dort vor sieben Jahren ausziehen mussten, eröffneten sie 800 Meter weiter noch einmal neu, jetzt liegt ihr »Hafen 2« im Stadtteil Kaiserlei, umgeben von Förderanlagen, Teerhaufen und Sperrmüllansammlungen.

Wer durch das eiserne Eingangstor tritt, steht zwischen alten Zirkuswagen, die eine große Wiese und einen Sandplatz umgeben. Schafe und Hühner laufen zwischen den Besuchern umher, die mit einem Getränk an einem der Biertische oder einfach im Gras Platz genommen haben. Manchmal finden auch Konzerte statt oder ein Open-Air-Kino. »In Frankfurt wäre ein Ort wie unserer gar

» Mein Vater war ein Feinschmecker. Irgendwann fing er an, hier seinen Käse selbst herzustellen «

nicht möglich gewesen«, erzählt Andrea Weiß. »In Offenbach wird nicht alles totdiskutiert, hier werden die Dinge einfach gemacht.« Schön sei auch, wie selbstverständlich man hier mit so vielen Nationen zusammenlebt. »Das wird gar nicht groß thematisiert, das ist einfach so.« Wenn sie so erzählt, wirkt sie sehr zufrieden. Das Gewusel hier am Boden ist ihrem großen Herzen für Tiere zu verdanken, selbst überzüchtete Seidenhühner fanden im »Hafen 2« schon Asyl.

Ein paar Meter weiter, im weißblauen Gebäude eines örtlichen Rudervereins, befindet sich ein Club, der Offenbachs Namen in die Welt der Technofans hinausgetragen hat und dessen legendärer Ruf in Deutschland nur mit dem des »Berghain« in Berlin vergleichbar ist: das »Robert Johnson«. Seit mehr als 20 Jahren strömen nicht nur Menschen aus dem gesamten Rhein-Main-Gebiet dorthin. »Damals fragte man mich, ob ich hier den Musikclub MTW dekorieren wolle«, erzählt Heiner Blum, der im »Robert Johnson« heute noch manchmal Veranstaltungen organisiert. »Bei der Besichtigung ist mir dann dieser schlichte Raum eine Etage höher aufgefallen – die ideale Location.« Blum zog seinen Freund, den Frankfurter Clubbetreiber und Barbesitzer Ata Macias hinzu. »Schnell war klar: Wir machen hier unseren eigenen Laden auf.« Das Konzept – elektronische Musik in einem minimalistisch gestalteten Raum – ging auf.

Derzeit ist das »Robert Johnson« noch wegen Corona geschlossen. Doch die Betreiber sind zuversichtlich. Zahlreiche Künstler, auch viele aus Frankfurt, unterstützen den Club, indem sie Werke von sich spenden. Vorerst will man im Freien mit Abstand feiern. Denn einen Abend in dem lässigen Club mit der grandiosen Aussicht auf den Fluss, den vermissen nicht nur die Offenbacher.

Vom »Robert Johnson« ist es nicht mehr weit bis Frankfurt, man müsste nur einmal die Kaiserleibrücke überqueren und wäre im Ostend. Heiner Blum schnappt sich sein Fahrrad und radelt vergnügt in die Gegenrichtung.

1 | Guter Geschmack: der Ricotta von L'Abbate 2 | Die Hochschule für Gestaltung ist Offenbachs kreativer Motor 3 | Der Wilhelmsplatz ist gesäumt von Cafés wie der »Brasserie Beau d'Eau«

Eine Stadt für jedes Wetter

MERIAN-Autorin **Sandra Danicke** lebt in Frankfurt und hat den östlichen
Nachbarn schon lange für sich entdeckt. Ob im Wetterpark, im Ledermuseum
oder in den internationalen Geschäften der Stadt: Offenbach stimmt sonnig

ERLEBEN

Isenburger Schloss

Das Renaissanceschloss wurde im
16. Jahrhundert vom Grafengeschlecht
Isenburg erbaut. Besonders prachtvoll ist
seine Südseite. Adelssitz ist es schon seit
der zweiten Hälfte des 18. Jahrhunderts
nicht mehr, das rote Schloss hat inzwischen einen zeitgenössischen Anbau und
gehört zum Campus der **Hochschule für
Gestaltung.** Schloßstr. 66

Deutsches Ledermuseum

1917 gründete der Architekt Hugo Eber-
hardt das Haus in der damals florieren-
den Lederstadt – als Sammlung für die
Ausbildung junger Designer und Leder-
warenproduzenten. Heute ist das Museum, das 1938 in ein nach den Plänen
Eberhardts umgebautes Lagerhaus zog,
das weltweit einzige, das ausschließlich
alles rund um den Werkstoff Leder sam-
melt. Die Ausstellung ist unterteilt in
Angewandte Kunst, Ethnologie und das
Deutsche Schuhmuseum. Die Sammlung
umfasst mehr als 30 000 Objekte aus
vielen Kulturen und Epochen, etwa ein
6000 Jahre altes ägyptisches Tierhaut-
gefäß, Goethes Zylinderhutschachtel oder
ein sibirisches Fischledergewand.
Frankfurter Str. 86, www.ledermuseum.de

Büsingpalais

Mit seinen dezenten neobarocken For-
men und dem angrenzenden Park gilt
das Büsingpalais als das repräsentativste
Gebäude in Offenbach. Nach dem Zweiten Weltkrieg war es bis auf die Außen-
mauern zerstört, kurz danach wurden
die Seitentrakte, in den achtziger Jahren
schließlich auch der Mittelbau wieder
aufgebaut. Das **Klingspor Museum,** benannt nach dem Offenbacher Schriftgie-
ßereibesitzer Karl Klingspor (1868-1950)
und untergebracht im Südflügel, ist eine
Institution für Schriftkunst und Typogra-
fie. Dort werden herausragende Beispiele
der internationalen Schrift- und Buchkunst aus dem 20. und 21. Jahrhundert
gezeigt.
Herrnstr. 80, www.klingspor-museum.de

Wetterpark

Dass in Offenbach der Deutsche Wetter-
dienst seinen Sitz hat, war die Motivation
dafür, 2005 im Südosten der Stadt diesen Park zu eröffnen. Er ist eine Koope-

Rarität: das einzige Ledermuseum der Welt (links). Weitblick: der Sichtturm im Wetterpark

ration der Stadt, des Wetterdienstes und des Regionalparks RheinMain. Sein Thema, die verschiedenen Wetterphänomene, zieht sich durch 14 verschiedene Stationen und Open-Air-Exponate. Die sind entlang eines Rundwegs über das rund 20 000 Quadratmeter große Gelände verteilt, darunter ist auch ein 13 Meter hoher Sichtturm mit Blick über die Stadt.

Robert Johnson

Neben dem »Berghain« in Berlin ist das »Robert Johnson« der angesagteste Elektro-Club in Deutschland. Er liegt direkt am Main, vom langen Balkon hat man einen Blick auf Kräne und Container.
Nordring 131, www.robert-johnson.de

OF loves U

Wer tiefer in Offenbach eintauchen möchte, begibt sich am besten auf Tour mit jenen, die ihre Stadt bis in die hintersten Winkel kennen und lieben. »Komm mit uns in den wilden Osten«, so lautet ihre Einladung.
www.oflovesu.com

GENIESSEN

Hafen 2

In dem Kulturzentrum kann man entspannt vegetarische Gerichte wie Wassermelonen-Feta-Salat genießen und dabei auf den Main gucken. Dazu gibt es häufig Konzerte oder Open-Air-Kino.
Nordring 129, www.hafen2.net

Konditorei Café Saumon

Herrlich aus der Zeit gefallen wirkt dieses kleine polnische Café. Sehr empfehlenswert: der Makowiec (Mohnkuchen), die Schokolatina (Biskuit mit Schokocreme) und die Karpatka (Cremetorte).
Bahnhofstr. 10, www.cafe-saumon.de

Etagerie

Toll für eine Mittagspause ist der Laden von Eva Kirchhoff. Es gibt kleine, meist vegetarische Gerichte oder Gebäck. Die genießt man im Geschäft und kann danach im Sortiment des Ladens stöbern: Mode und Accessoires von kleinen Labels aus der Region.
Taunusstr. 1, www.etagerie.eu

Aveirense

In dem portugiesischen Supermarkt gibt es unschlagbar günstigen Vinho Verde. Auch der Tiefkühlfisch, die Zahnpasta und alle anderen Waren kommen von der Iberischen Halbinsel.
Bieberer Str. 76

Konstantinidis

Das griechische Lebensmittelgeschäft, vor mehr als 40 Jahren gegründet, ist auf frischen Fisch und Meeresfrüchte spezialisiert. Man findet dort aber auch Antipasti und Wildkräuter aus Kreta.
Wilhelmsplatz 7

L'Abbate Käsefabrik

Der winzige Laden für italienische Spezialitäten, vor allem für selbst gemachten Käse, liegt zentral, aber versteckt in einem Hinterhof. Sehr empfehlenswert: Mozzarella, Scamorza oder überbackener Ricotta aus regionaler Biomilch.
Bieberer Str. 23, www.labbate.de

ÜBERNACHTEN

Sheraton Offenbach

Perfekt gelegen, direkt am Büsingpark. In fünf Minuten ist man zu Fuß am Main, in zehn am Wilhelmsplatz. Das Haus hat 221 komfortable Zimmer, ein Spa und ein Restaurant.
Berliner Str. 111, www.marriott.de

INFO

Tipps und Auskünfte gibt das Infocenter der Offenbacher Stadtmarketing GmbH, gleich beim Wilhelmsplatz.
Salzgäßchen 1, www.offenbach.de

SCHAU AN!

Frankfurts Kunstmuseen zählen zu den besten der Republik.
Die Auswahl an Hochkarätern ist zu groß, um alles zu würdigen.
Aber diese vier Werke sollten Sie gesehen haben

»DAS MITTAGESSEN«
Claude Monet im Städel Museum

Der Betrachter steht mitten im Zimmer, sieht die zerknitterte Tischdecke, die Eier, das Brot, die Weintrauben und Kartoffelscheiben. Unmittelbar wird man Teil der Szene, möchte sich mit an den Tisch setzen, zu Frau und Kind. Es ist der Maler selbst, der hier Platz nehmen und die Zeitung aufschlagen wird. Als Claude Monet 1868-69 »Das Mittagessen« malte, hielt er eine private Szene fest, ein scheinbar bürgerliches Familienidyll, das in Wahrheit prekär war: Camille Doncieux, die Frau am Tisch, war zu jenem Zeitpunkt noch Monets Freundin, der gemeinsame Sohn Jean das uneheliche Kind.

Monet (1840-1926) war damals noch kaum bekannt, das Bild ist ein Frühwerk. Doch es sind bereits Eigenheiten erkennbar, die für sein Schaffen zentral werden sollten – und für das damalige Kunstpublikum ungeheuerlich waren: etwa, dass man das Gefühl hat, Teil des Bildes zu werden oder dass Menschen weniger wichtig erscheinen als Gegenstände. Es wirkt so, als stecke im Korbgeflecht der Stühle mehr Sorgfalt als in den Gesichtern. Wer die Dame im eleganten schwarzen Kleid ist, die mit müdem Blick vor der geblümten Gardine lehnt, weiß man nicht. Rätselhaft bleibt auch der Auftritt des Dienstmädchens, das hinter der Tür des hölzernen Wandschranks herauszukommen scheint. Eine Provoka-

tion ist auch die Größe des Bildes: Solche Ausmaße (231,5 mal 151,5 Zentimeter) waren zu jener Zeit Historiendarstellungen vorbehalten.

1870 reichte Monet das Gemälde beim Pariser Salon ein, der seinerzeit wichtigsten jährlichen Ausstellung, deren Jury er 1866 schon einmal überzeugt hatte: mit einem großen Figurenbild, das Camille im grünen Kleid zeigt. Als sie bald darauf von ihm schwanger wurde, brachte das Monet in finanzielle Schwierigkeiten. Seine Familie akzeptierte die Beziehung nicht und kürzte ihre Geldzuwendungen, der Künstler war pleite. »Das Mittagessen« fiel bei der Salon-Jury durch, erst vier Jahre später konnte Monet es auf der ersten Ausstellung der Impressionisten einem größeren Publikum präsentieren. Als ihm in den 1890er Jahren der Durchbruch gelang, war Camille, mittlerweile seine Frau, schon gestorben.

Seit 1910 befindet sich das Bild im Besitz des Städel Museums, einer der ältesten und renommiertesten Museumsstiftungen in Deutschland. Das Gemälde gehört zu den Höhepunkten der Sammlung, die über 100 000 Werke umfasst und vom 14. Jahrhundert über die Renaissance, den Barock und die klassische Moderne bis zur Gegenwart reicht, von den Zeichnungen Albrecht Dürers bis zu Fotografien von Wolfgang Tillmans. Die herausragende Qualität der frühen Werke hängt mit dem ungewöhnlichen Testament Johann Friedrich Städels (1728-1816) zusammen. Der Stifter hatte ausdrücklich verfügt, dass Werke, die nicht absolut hochklassig sind, veräußert werden durften, um bessere zu erwerben.

Städel Museum Schaumainkai 63, www.staedelmuseum.de

»FRANKFURTER KÜCHE«

Margarete Schütte-Lihotzky im Museum Angewandte Kunst

Ab 1925 entstand am Main das Neue Frankfurt. Stadtbaurat Ernst May ließ fortschrittliche Siedlungen bauen, die zu den bedeutendsten Architektur-Ensembles der Weimarer Republik gehören. Eine Besonderheit der Wohnungen war die »Frankfurter Küche« der Wiener Architektin Margarete Schütte-Lihotzky. Sorgfältig hatte sie Bewegungsabläufe beim Kochen und Backen erforscht und ihre Erkenntnisse in ihren Entwurf einfließen lassen. Das Ergebnis: die Einbauküche, ein etwa sechs Quadratmeter kleiner Arbeitsraum mit hölzernen Wandschränken, in dem alle wichtigen Dinge mit einem einzigen Handgriff erreichbar sein sollten. Auf einem Drehstuhl konnte man an der niedrigen Arbeitsplatte sitzen, sich nach rechts zur Spüle neigen, um einen Topf mit Wasser zu füllen, und sich anschließend nach links zum Herd wenden. Reis,

Nudeln und Graupen kamen aus Aluminiumschütten. Das Salz befand sich in einer Kiefernholzlade, das Mehl in einer Lade aus Eichenholz, weil es darin nicht klumpt. Das Geschirr stand in Hängeschränken mit gläsernen Schiebetüren. Als Vorbild dienten Schütte-Lihotzky Mitropa-Speisewagenküchen, Platz war in ihrer Küche nur für eine Person – in den 1920er Jahren ohne Frage die Hausfrau. Heute ist die Küche von Schütte-Lihotzky in den Siedlungen nur noch vereinzelt in Gebrauch.

Sie bleibt aber ein Meilenstein der Designgeschichte, ist ein begehrtes Ausstellungsstück, das etwa im Museum Angewandte Kunst gezeigt wird. Dessen Gebäude, das aus drei minimalistischen Kuben besteht, ist ein Werk des Pritzker-Preisträgers Richard Meier von 1985. Es beherbergt eine Sammlung an Kunsthandwerk, Design, Buchkunst und Grafik aus fünf Jahrtausenden, ein Schwerpunkt ist die europäische Moderne. Auch Kreationen berühmter Modedesigner und Labels wie Jil Sander oder Comme des Garçons werden regelmäßig gezeigt.

Museum Angewandte Kunst Schaumainkai 17
www.museumangewandtekunst.de

»BLITZSCHLAG MIT LICHTSCHEIN AUF HIRSCH«

Joseph Beuys im Museum für Moderne Kunst

Ein gewaltiger, lang gezogener Bronzebrocken hängt von einem eisernen Träger herab. Joseph Beuys nannte ihn »Blitzschlag«. Auf dem Boden davor stehen und liegen diverse Merkwürdigkeiten: ein altes Bügelbrett, das auf eine Holzkonstruktion montiert und in Aluminium gegossen wurde, der Künstler nannte es »Hirsch«, eine als »Ziege« bezeichnete Eisenlore auf drei Rädern mit Spitzhacke, der Abguss eines Erdreichklumpens auf einem Modellierfuß mit Kompass (im Bild nicht zu sehen) sowie 35 »Urtiere«, die wie Exkremente aussehen.

Für das Arrangement, das Beuys zwischen 1958 und 1985 entstehen ließ, wurde im Museum für Moderne Kunst ein eigener Raum gebaut. Es ist schwer zu interpretieren, zahlreiche Aufsätze versuchen, die Ikonografie und Mythologie des Künstlers zu entschlüsseln. So wird etwa die »Entladung von Energie« als »Metapher für menschliche Kreativität und Denkfähigkeit« gedeutet, aber auch ohne derartiges Wissen wirkt die brachiale Energie der Installation. Nichts an diesem Werk ist gefällig, es wirkt archaisch, schrundig, urtümlich. Manch Betrachter denkt an Naturgewalten, an eine Welt nach der Existenz des Menschen, in der die Relikte der untergegangenen Spezies ihre Bedeutung eingebüßt haben.

Bereits vier Jahre vor Eröffnung des Hauses, dessen ungewöhnlicher Grundriss ihm bei den Frankfurtern den Spitznamen »Tortenstück« eingetragen hat, wurde das gewichtige Ensemble (allein der »Blitzschlag« wiegt 700 Kilo) 1987 für die Sammlung erworben. Deren Grundstein bilden vornehmlich Werke der Pop- und Minimal Art. In den vergangenen dreißig Jahren hat sich das Museum jedoch immer weiter in die Gegenwart vorgearbeitet, sodass man heute hier die wichtigsten Positionen der zeitgenössischen Kunst finden kann – in Räumen, die fast so individuell gestaltet sind wie die Kunst selbst.

Museum für Moderne Kunst Domstr. 10, www.mmk.art

»QUIRINALSBRONZEN«

Nachguss antiker Skulpturen im Liebieghaus

Unter dem rechten Auge ist ein Bluterguss zu sehen, auf Stirn und Nase klaffen Platzwunden. Besiegt sitzt der nackte Faustkämpfer vor seinem Gegner, der sich überlegen auf einen Stab stützt. Als man die zwei Bronzestatuen 1885 beim Aushub einer Baugrube auf dem römischen Quirinalshügel entdeckte, hatte man keine Ahnung, wen sie darstellen. Lange wurden sie als voneinander unabhängig gedeutet. Vinzenz Brinkmann aber, Leiter der Antikensammlung am Liebieghaus, ist überzeugt, dass sie als Ensemble eine Szene aus der Argonautensage verkörpern: Als die griechischen Helden auf der Suche nach dem Goldenen Vlies mit ihrem Schiff an der Küste des Bosporus anlegen, treffen sie auf den Bebrykerkönig Amykos, der schon viele Fremde im Boxkampf getötet hat. Diesmal aber wird er von dem Dioskur Polydeukes besiegt.

Um seine These zu untermauern, dass es sich bei den beiden um Polydeukes und Amykos handelt, ließ Brinkmann die Statuen als Nachgüsse in Bronze rekonstruieren. Das Ergebnis ist spektakulär: Die Wunden des Faustkämpfers werden durch den Einsatz von Granat zum Leuchten gebracht, der Eindruck eines blau geschlagenen Auges entsteht durch eine Legierung. Die Augen sind aus polierten Steinen und Edelsteinen nachgebaut.

Die Rekonstruktion ist eine von zahlreichen Nachbildungen, die das Liebieghaus-Team im Rahmen seiner Polychromieforschung geschaffen hat. Dass griechische Skulpturen in Wahrheit nicht weiß oder bronzefarben waren, sondern knallbunt, kann man in diesem Museum lernen. Darüber hinaus umfasst die Skulpturensammlung Meisterwerke aus 5000 Jahren Bildhauerei, vom alten Ägypten über die griechische und römische Antike, über das Mittelalter, die Renaissance und den Barock bis hin zum Klassizismus. Gezeigt werden sie in den Räumen einer ehemaligen Gründerzeitvilla.

Liebieghaus Skulpturensammlung Schaumainkai 71
www.liebieghaus.de

Unter der Glaskuppel: Die Rotunde ist ein zentraler Ausstellungsraum der Schirn

Alle Facetten der Kunst

Architektur, Filme, Fotografie, Installationen, Gemälde:
Fast jede Form der Kunst hat in Frankfurt ihr eigenes Haus –
oder einen Ort, der ihr die ganz große Bühne bereitet

Schirn Kunsthalle Frankfurt

Mit ihren international beachteten Themen- und Einzelschauen gehört die Schirn zu den wichtigsten Ausstellungshäusern in Europa. Der Fokus der Kunsthalle, die einen prominenten Platz mitten in der Altstadt besetzt, liegt auf kunst- und kulturhistorischen Themen. Werke, die die Zeit der Weimarer Republik beleuchten, waren hier schon zu sehen oder eine Schau, die sich mit Charles Darwin und seinem Einfluss auf die Kunst auseinandergesetzt hat. Meist finden zwei Ausstellungen gleichzeitig statt, von denen sich eine auf Künstler der Gegenwart oder der Moderne konzentriert, ab Februar 2021 etwa auf das britische Künstlerpaar Gilbert & George.
Römerberg, www.schirn.de

Frankfurter Kunstverein

Der Kunstverein, ebenfalls in der Altstadt gelegen, widmet sich aktuellen Fragen aus der Perspektive zeitgenössischer Künstler. Dort geht es um Themen wie Überwachung, digitale Kommunikationssysteme oder die Auswirkungen der

virtuellen Realität auf Körper und Psyche. Große Themenausstellungen wechseln mit Einzelpräsentationen. Regelmäßig sind auch Werke von Künstlern aus der Region zu sehen.
Markt 44, www.fkv.de

Portikus

Der Portikus ist eine kleine, aber feine Ausstellungshalle auf der Maininsel an der Alten Brücke und gehört zur renommierten Städelschule, der Hochschule für Bildende Künste. Hier stellen immer wieder internationale Künstler aus, die auch als Gastprofessoren an der Schule lehren. Ortsspezifische Präsentationen zeitgenössischer Bildhauer, Maler oder Konzeptkünstler wie Jimmie Durham, Anne Imhof oder Thea Djordjadze machen das Programm noch abwechslungsreicher.
Alte Brücke 2, www.portikus.de

Basis e. V. – Produktions- und Ausstellungsplattform

Der Künstlerverein Basis e. V. fördert und präsentiert internationale Gegenwarts-

kunst. Thematische Schauen und Einzelausstellungen zeigen vor allem junge Künstler. Manche von ihnen haben in dem Haus, das zu Beginn des 20. Jahrhunderts als nobles Hotel errichtet wurde, günstige Ateliers. Außerdem organisiert der Verein internationale Austauschprogramme, Lesungen und Konzerte.
Gutleutstr. 8-12, www.basis-frankfurt.de

Deutsches Architekturmuseum

Dieses Haus stellt nicht nur architektonische und städtebauliche Projekte aus Vergangenheit und Gegenwart aus, es ist auch selbst ein Stück Architekturgeschichte: In einer entkernten Gründerzeitvilla entstand nach Plänen Oswald Mathias Ungers' von 1979 bis 1984 auf einem quadratischen Grundriss ein Haus im Haus, das das Zentrum markiert. Das Quadrat ist in der kompletten Gestaltung des Hauses wiederzufinden, von den Intervallen der Pfeiler bis zum Fußbodenmuster. Die Sammlung des Architekturmuseums bietet mit Plänen, Zeichnungen, Fotografien und 1300 Modellen von Architekturstars wie Alvar Aalto, Theo van Doesburg oder Bruno Taut sowie zahlreichen Möbeln einen fundierten Überblick über die Architektur in Deutschland seit Beginn des 20. Jahrhunderts.
Schaumainkai 43, www.dam-online.de

DFF – Deutsches Filminstitut & Filmmuseum

Hier dreht sich alles um die Vermittlung von Filmkultur und Filmästhetik. In einer denkmalgeschützten Villa am Main werden Ausstellungen über Schauspieler, Regisseure oder Trickfilmstudios plastisch und interaktiv vorgeführt, von Maximilian Schell bis zur Klangwelt von Disney (bis 10. Januar 2021). Das 1949 in Wiesbaden gegründete Filminstitut, das inzwischen mit dem Museum zusammengehört, verfügt über eines der größten Filmarchive in Deutschland. Zum Bestand zählen auch Nachlässe, etwa von Rainer Werner Fassbinder und Curd Jürgens. Was zu so einem Haus natürlich gehört, ist ein Kino. Im Programm stehen Filmreihen wie »Klassiker und Raritäten« oder »Late Night Kultkino«.
Schaumainkai 41, www.dff.film

Rein, fein, Apfelwein

Alles im Griff: In der Kneipe
»Zum Gemalten Haus« kommen
durch eine praktische Halterung
die frisch befüllten Apfelwein-
gläser sicher zu den Gästen

Jens Becker, hier mit Stammkundin Nika, verkauft in seiner »Apfelweinhandlung JB« Äppler von kleinen Produzenten – darunter auch eigene Kreationen

Ein Bembel Apfelwein bringt in Frankfurt und Rhein-Main alle zusammen. Das Getränk aus dem Viertel Sachsenhausen ist wieder beliebt – auch weil kleine Produzenten zeigen, wie gut es schmecken kann

TEXT **JAKOB STROBEL Y SERRA** FOTOS **MARKUS BASSLER**

Zwei Männer mit Mission: Jörg Stier (1) keltert Apfelwein, widmet ihm Bücher und bald auch ein Museum in Hanau. Andreas Rupf (4) sorgt als Chef und Chefkoch für gute Stimmung und Küche in der Äppelwoi-Kneipe »Zum Gemalten Haus« (2). Klassiker der Szene: das »MainÄppelHaus« am Lohrberg (3)

Apfelwein ist kein Wein aus Äpfeln, sondern eine Lebenshaltung. Apfelweinlokale sind keine Schankwirtschaften zum Zweck der Durstlöschung, sondern Lebensräume. Apfelweintrinken ist im Gegensatz zu anderen Betäubungsriten keine Trostsuche im Weltschmerz, sondern Ausdruck tief empfundener Lebensfreude. Wer das nicht glaubt, wird in Apfelweinkneipen wie dem »Gemalten Haus« im Frankfurter Stadtteil Sachsenhausen eines Besseren belehrt. Hier manifestieren sich alle Eigentümlichkeiten der südhessischen Apfelweinkultur. Und wer auch nur einmal im »Gemalten« – so der Kosename – seinen Schoppen aus dem gerippten Glas gepetzt hat, wird nie wieder behaupten, Apfelwein sei nichts weiter als ein alkoholisches Erfrischungsgetränk.

Sachsenhausen liegt südlich des Mains, will mit den Nordfrankfurtern nichts zu schaffen haben und wird von diesen deswegen despektierlich »Dribbdebach« genannt, was den Leuten jenseits des Bachs wiederum worschtegal ist, denn sie können für sich in Anspruch nehmen, die Wiege des Äppelwoi, des südhessischen Nationalgetränks, zu sein. Seit einem halben Jahrtausend wird der Schoppen in Sachsenhausen ausgeschenkt, obwohl die Obrigkeit über Jahrhunderte die Verarbeitung von Äpfeln zu Alkoholika als »mutwilliges Vertrinken von Gottes Frucht« verbot. Da die Sachsenhäuser aber zu arm waren, um sich Traubenwein leisten zu können, duldete der Rat der Stadt aus Angst vor einer Rebellion der Sturköpfe von Dribbdebach stillschweigend das Schoppepetze – auch deswegen, weil der Äppler mit seinen fünf, sechs Prozent Alkohol eine probate Arznei gegen die grassierende »Branntweinpest« war.

Nach dem Dreißigjährigen Krieg wurde das Verbot gelockert, sodass immer mehr Apfelweinschenken entstehen konnten, zunächst in Privaträumen, die mit Fichtenkränzen an der Tür ihre Bereitschaft signalisierten, durstigen Zechern Asyl zu gewähren. Bis heute heißt ein Lokal in Sachsenhausen »Fichtekränzi«, doch das berühmteste ist die Wirtschaft »Zum Gemalten Haus«, die ihren Namen einer bunt bemalten Fassade mit bukolischen Motiven aus der Welt des Apfelweins verdankt und ein rustikales, aber kein folkloristisches Ambiente mit viel grobem Holz pflegt.

Im »Gemalten« spürt man sofort, dass Apfelweinwirtschaften keine Orte der Melancholie sind, keine Edward-Hopper-Bars mit einsamen Trinkern vor noch einsameren Whisky-Gläsern, sondern Weihestätten des Gemeinschaftssinns und der schönen Selbstvergewisserung, dass es uns Menschen aufgetragen ist, soziale Wesen zu sein. Deswegen sagt man in Südhessen auch, man gehe zum Äppelwoi, weil nicht der Alkoholkonsum, sondern das Beisammensein am wichtigsten ist. Schulter an Schulter hockt man an den Tischen und bestellt nur im Ausnahmefall einzelne Gläser und in der Regel einen Bembel für alle, den großen, graublauen Tonkrug. Berührungsängste gibt es nicht, weil der Äppler seit jeher ein »Babbelwasser« ist, das jedem Zecher die Zunge löst und dabei gleicherma-

FRANKFURTS BESTE APFELWEIN-KNEIPEN

Atschel

Eine Elster, Atschel auf Hessisch, ziert das Logo dieses Traditionslokals, das 1849 eröffnet wurde und seither zu den Klassikern der Frankfurter Apfelweinschenken gehört. Hier fühlt man sich wie in einer »guud Stubb«, wobei die gute Stube mit Bildern hessischer Apfelsorten und allerlei Bembeln dekoriert ist. Man sitzt auf langen Bänken an langen Tischen oder im lauschigen Sommergarten, liest die Tagesempfehlungen von großen Tafeln mit Kreideschrift ab und bekommt dann mehr als nur die traditionelle Äppler-Hausmannskost serviert. Rinder-Carpaccio, Bio-Forellen aus dem Taunus oder Wild aus heimischen Wäldern gibt es hier – zu Preisen, über die sich jede Elster diebisch freuen würde.
Wallstr. 7, Tel. 069 619201
www.atschel-frankfurt.de

Solzer

Den besten Beweis dafür, dass die urtümliche Frankfurter Apfelweinkultur kein Privileg der Sachsenhäuser ist, liefert dieses uralte Lokal im nordmainischen Stadtteil Bornheim, dessen Ursprünge bis zum 16 Jahrhundert zurückreichen. Es hat eine bewegte Geschichte hinter sich, soll etwa zeitweise auch ein Bordell gewesen sein und ist seit fünf Generationen im Besitz der Familie Solzer. Drinnen sieht es aus, geht es zu und schmeckt es wie in den Sachsenhäuser Wirtschaften – weswegen ein Sachsenhäuser die Demarkationslinie des Mains nicht überqueren würde, nur um hier einen Schoppen zu trinken.
Berger Str. 260, Tel. 069 452171
www.solzer-frankfurt.de

Zum Feuerrädchen

Das erzhessische Motto »Lebbe geht weider« steht zwar gut sichtbar im Schankraum dieser Apfelweinschenke, doch hier scheint das Leben das Weitergehen aufgegeben zu haben. Das »Feuerrädchen« ist eine Trutzburg des schönsten Stillstands. Man geht durch einen Hauseingang mit Wandmalereien Frankfurter Sehenswürdigkeiten und landet in einer Hinterhauswelt, die sich aller Modernität kategorisch verweigert.

Mutige Produzenten machen lokalen Äppler tauglich fürs Tasting

ßen Grenzen einreißt und Gräben zuschüttet. Doch niemals kommt es dabei, anders als in Biergärten, zu plumpen Fraternisierungen. Dafür sorgt allein schon die sorgsam kultivierte Ruppigkeit des Personals, das überdies keinen Bembel mehr herausrückt, wenn die Schoppepetzer die Fasson zu verlieren drohen. Denn Apfelweinwirtschaften sind keine Orte der Trunksucht, sondern der Lebenslust, wenn auch nicht der ekstatischen. Es wird gelacht und gebabbelt, aber nicht geschunkelt und gegrölt, es ist Spaß mit Maß, und spätestens Schlag Mitternacht geht man nach Hause.

»Der Schoppe ist ein zutiefst demokratisches, egalitäres, antinationalistisches Getränk«, sagt Jörg Stier, der einer Apfelweindynastie aus Maintal östlich von Frankfurt entstammt, seit den 1980er Jahren sein eigenes Stöffche keltert, mehrere Bücher über Südhessens Nationalalkoholikum geschrieben hat und Kurator des künftigen Apfelweinmuseums in Hanau ist. »Der Äppler ist aber noch viel mehr: ein Identitätsstifter für alle Hessen, Ausdruck eines subversiven Regionalismus und gleichzeitig eines friedfertigen Beisammenseins unterschiedlicher Menschen mit unterschiedlichen Ansichten. Und deswegen ist er den Nationalsozialisten ein Dorn im Auge gewesen, die den Äppler während des Zweiten Weltkriegs als ›Friedensluxus‹ verboten haben« – für Menschen wie Jörg Stier die definitive Nobilitierung dieses Getränks, hinter dem nicht nur vergorenes Kelterobst, sondern ein ganzes philosophisches Universum steckt. Jeder Schoppen ist also ein Bekenntnis.

Nicht immer ging es in den Apfelweinwirtschaften so gesellig wie jetzt zu. Anfang des Jahrtausends steckte der Äppler in einer existenziellen Krise. Er galt als verstaubt und muffig, die Jugend wandte sich von ihm ab, auf den Bänken hockten nur noch eine Handvoll »ahle Simbel«, wie Jörg Stier sie nennt, alte Einfaltspinsel, die sich nach Heinz Schenks »Blauem Bock« zurücksehnten. Der Niedergang war aber keine Strafe Gottes, sondern selbst verschuldet, weil der Schoppen immer schlechter und der Schoppepetzer immer anspruchsloser wurde. Die meisten Wirte hörten auf, ihren Apfelwein selbst zu keltern, die Großkeltereien sprangen in die Bresche, drückten aber bei ihren Lieferanten gnadenlos die Preise, sodass sich für die Apfelbauern der Anbau nicht mehr lohnte und tonnenweise billiges Apfelsaftkonzentrat aus osteuropäischem Tafelobst in den Keltern landete. Das Stöffche verlor seine Seele, seinen Charakter und wurde im Supermarkt für anderthalb Euro in den Braunglasflaschen des Apfelweinverbands verramscht – eine Tragödie, die Apfelweinliebhaber wie Jens Becker eines Tages nicht mehr ertragen konnten.

Becker stammt aus Bad Homburg, verbrachte seine Kindheit auf den großväterlichen Streuobstwiesen und machte dann steile Karriere in der Werbebranche. »Doch nach einem Vierteljahrhundert hatte ich genug von Geld und Glamour. Also stieg ich vor zwölf

Die Fenster sind aus Bleiglas, die Wände mit Holz vertäfelt und mit Fotografien von Apfelweinschönheiten aus den fünfziger Jahren dekoriert – lauter Anachronismen, die angesichts des munteren Publikums aller Altersklassen kein bisschen altmodisch wirken.
Textorstr. 24, Tel. 069 66575999
www.zum-feuerraedchen.de

Zum Gemalten Haus
In der Apfelweinwirtschaft im Herzen von Sachsenhausen begreift alle Welt augenblicklich, was das Besondere am Äppler ist und warum nur er zum südhessischen Nationalheiligtum werden konnte. Das Publikum ist gleichermaßen lokal wie interkontinental, das Ambiente gelöst, aber immer gesittet, und das Essen rustikal, ohne am guten Geschmack Verrat zu üben. Dafür garantiert Chefkoch und Geschäftsführer Andreas Rupf, der seine Lehre im Luxushotel »Frankfurter Hof« absolviert hat und allein schon aus Selbstachtung rigoros dafür sorgt, dass bei ihm – im Gegensatz zu vielen anderen Apfelweinschenken – kein Convenience-Food in die Küche kommt, sondern Rippche und Haspel noch Handarbeit sind. »Grüne-Soße-Weltmeister« war der Küchenchef übrigens auch schon.
Schweizer Str. 67, Tel. 069 614559
www.zumgemaltenhaus.de

Zur Buchscheer
Der Ursprung der Frankfurter Apfelweinlokale geht auf findige Sachsenhäuser zurück, die ihre Wohnzimmer kurzerhand in Schankräume umfunktionierten und der Nachbarschaft den Äppler kredenzten. Apfelwein war anfangs also eine Familienangelegenheit und ist es für den Äppler-Clan der Theobalds noch immer. In fünfter Generation schenken sie in ihrem 1876 eröffneten Lokal am südlichen Rand Sachsenhausens ihr Stöffche aus, das sie noch selbst aus den Früchten hessischer Streuobstwiesen keltern. Das kann man in der Kelterzeit im September und Oktober selbst miterleben, außerdem werden das ganze Jahr über Apfelweinproben veranstaltet. Und der herrliche Sommergarten genießt in Frankfurt Legendenstatus.
Schwarzsteinkautweg 17, Tel. 069 635121
www.buchscheer.de

Weiterbildung für Genießer: Bei Verkostungen wie dieser führt Jens Becker ins Geschmacksuniversum von hochwertigen Apfelweinen

1

2

3

Dass sich viele Frankfurter wieder gerne auf einen Bembel Apfelwein (2+3) treffen, liegt an engagierten Produzenten wie Norman Groh (1). Er arbeitet mit typischen Keltersorten wie dem Bohnapfel auf dem Foto und macht daraus auch einen delikaten Apfelschaumwein (4)

4

Sortenrein, nicht süß gespritzt: Guter Apfelwein braucht keine Limo

Jahren aus, begann selbst zu keltern und eröffnete ein Geschäft mit handverlesenen Apfelweinen« – wobei er in seiner Bescheidenheit vergisst zu sagen, dass es längst zum Walhalla der neuen hessischen Apfelweinkultur geworden ist. Der geläuterte Werbefachmann gehört zu einer Generation von Schoppen-Fanatikern, die sich als Apfelweinwinzer verstehen, der Billigware aus den industriellen Großbetrieben ihre Manufaktur-Stöffche entgegensetzen und fast im Alleingang für eine Renaissance des südhessischen Nationalgetränks gesorgt haben. »Ich wollte alles ändern, modernisieren, verbessern, doch ich rannte gegen verschlossene Türen und beschloss, das selbst in die Hand zu nehmen. So ist das eben: Die Innovation kommt nie von den großen Unternehmen, sondern immer von den kleinen, mutigen Produzenten.«

Um in den Supermärkten oder im Getränkegroßhandel eine Chance zu haben, produzieren diese Manufakturen viel zu unbedeutende Mengen, also gibt ihnen Becker mit seinem Geschäft eine Bühne. 130 verschiedene Apfelweine von 30 Keltereien hat er im Sortiment, die meisten aus Hessen, aber auch Exoten aus der Uckermark und Apfelweine aus Ländern wie Frankreich, Spanien oder Großbritannien sind dabei. Die Preise fangen bei 3,50 Euro für den Hausschoppen an und gehen bis zu 25 Euro für Apfelweinsekte, die nach der Champagnermethode hergestellt werden. Und da Becker tief in seinem Herzen doch einen Rest Marketingmann bewahrt hat, entwickelte er das Konzept der betulichen Frankfurter Apfelweinmesse zur »Cider World« weiter, die jetzt jedes Jahr im glamourösen Rahmen des Palmengartens den »Cider World Award« für die besten Apfelweine der Welt vergibt.

»Mein Hausschoppen besteht aus einer Mischung hessischer Äpfel und steht in meinem Laden immer in einem Bembel zur Selbstbedienung für die Stammkundschaft bereit«, sagt Becker. »Und meine Spitzenklasse sind sortenreine Jahrgangsapfelweine oder Cuvées aus traditionellen Sorten, die ausnahmslos von Streuobstwiesen und nicht aus Plantagen stammen, weil nur das klassische Kelterobst intensive und komplexe, hocharomatische und hochkonzentrierte Schoppen ergibt.« Becker denkt und handelt wie ein Winzer, räsoniert über Maischestandzeiten, experimentiert mit Kaltvergärung und verkostet seine Schoppen über mehrere Jahrgänge hinweg, um ihr Reifepotenzial zu erforschen. Er steht im regen Austausch mit dem Gewürz-Guru Ingo Holland, liefert seine Stöffche in Billy Wagners Berliner Avantgarde-Restaurant »Nobelhart & Schmutzig« und zelebriert Verkostungs-Séancen mit dem Schriftsteller und Apfelweinenthusiasten Andreas Maier. So ist er zu einer Art Spiritus Rector der Wiederauferstehung des Schoppens geworden und hat in Qualitätsextremisten wie Norman Groh glücklicherweise jüngere Brüder im Geiste gefunden. Groh stammt wie Andreas Maier aus der Wetterau, der Kornkammer des

APFELWEIN ERLEBEN UND EINKAUFEN

Apfelweinhandlung JB
Als erfolgreicher Werbemann beschloss Jens Becker, seinen Beruf aufzugeben und stattdessen einen Fachhandel für Qualitätsapfelwein zu eröffnen. Vor sechs Jahren zog er in ein Geschäft in Sachsenhausen, wo man seitdem dank des reichhaltigen Sortiments staunend erleben kann, wie gut, fein und vielfältig anspruchsvoller Apfelwein schmeckt. Seine Stöffche stammen ausschließlich von Äppler-Aficionados, nicht aus industrieller Großproduktion – von Menschen wie ihm, der unter dem Namen »JB« auch seinen eigenen Schoppen keltert.
Frankfurt, Brückenstr. 21, Tel. 0176 35424235, www.apfelweinhandlung.de

Kelterei Stier
Wenn Jörg Stier erst einmal vom Apfelwein zu sprechen beginnt, ist ein Ende so schnell nicht in Sicht – was auch sehr gut ist, denn kaum jemand weiß mehr über ihn als Stier. Seine Familie keltert seit Generationen in Maintal-Bischofsheim Apfelwein, er selbst hat den Keller inzwischen in die Hände seines Sohnes Marco übergeben und kümmert sich um die Erforschung und Mehrung des Ruhms seines Lieblingsgetränks. Im Laden der Kelterei werden neben drei Dutzend Apfelweinen auch die Bücher von Jörg Stier verkauft, der natürlich weiß, warum der klassische Apfelweinbegleiter Handkäs mit Musik so heißt: nicht, weil die Zwiebeln zum Sauermilchkäse die Verdauung auf Touren bringen, wie es uns der Volksglaube weismachen will; sondern weil früher die Öl- und Essigflaschen musikalisch aneinander schlugen, wenn sie vom Kellner zum Anmachen des Käses an den Tisch gebracht wurden.
Maintal, Am Kreuzstein 25
Tel. 06109 65099, www.kelterei-stier.de

MainÄppelHaus
Auf dem Lohrberg, dem Frankfurter Hausberg, stehen nicht nur die einzigen Weinreben der Stadt, sondern auch ihre schönsten Streuobstwiesen. Ihnen widmet sich das gemeinnützige MainÄppelHaus, unter anderem mit einem Naturerlebnisgarten und Work-

Bei einem Bembel Äppler kommen Jung und Alt ins Babbeln

Rhein-Main-Gebiets, und erbte als Knabe von seinem Großvater einen alten Traktor, ein paar Holzfässer und die eine oder andere saftige Streuobstwiese. Damit war es im Grunde schon um ihn geschehen: »Im Teenageralter fing ich an, eigenen Äppler zu keltern, lernte dann aber doch einen Brotberuf und arbeitete zehn Jahre lang als Radio- und Fernsehtechniker in Frankfurt. Aber irgendwann ging es nicht mehr, ich musste mein Hobby einfach zu meinem Beruf machen« – wobei es überaus hilfreich war, dass Grohs Frau eine Schnapsbrennerei samt kompletter Kelterausrüstung in Friedberg-Ockstadt mit in die Ehe brachte.

Dreißigtausend Flaschen produziert Groh heute pro Jahr, füllt sie ausschließlich in Bordeaux-Bouteillen aus Weißglas – »diese grottenhässlichen Braunglasflaschen vom Apfelweinverband kommen mir nicht ins Haus« – und hat ein Dutzend Schoppen für jeden Geschmack im Sortiment: herb und halbtrocken, still und perlend, süß und säurebetont, sortenrein und als Cuvée, mit Birnen oder Quitten aromatisiert. »Mein Lieblings- und Spitzenprodukt ist ein Schaumwein im klassischen Stil der Apfelwein-Champagner, die bis zum Ersten Weltkrieg weltberühmt waren und auf allen Kontinenten getrunken wurden«, sagt Groh, der also kein Revolutionär, sondern ein radikaler Traditionalist ist und nichts weiter will, als an die alten Qualitätszeiten des Schoppens anzuknüpfen. »Deswegen verwende ich nur Äpfel von Streuobstwiesen in Hessen. Diese traditionellen Sorten sind reich an Tanninen und Phenolen und haben die ideale Balance aus Süße und Säure.« Unter Grohs Händen verwandeln sie sich in charakterstarke Apfelweine voller Trinkfluss und Harmonie, die zur Schoppenspitzenklasse zählen. Das finden nicht nur die vielen Stammkunden, »die sich bei mir festgesoffen haben«, wie Norman Groh mit der typischen Knarzigkeit des Hessen sagt, sondern auch die Kenner: Beim »Cider World Award 2020« gewann er mit dreien seiner fünf eingereichten Schoppen Goldmedaillen, sein Boskop wurde sogar als bester Apfelwein der Welt in der Kategorie »Cider still« ausgezeichnet.

Im »Gemalten Haus« wird sein Stöffche zwar nicht ausgeschenkt, doch dafür kann man sich hier vergewissern, welche schönen Früchte die Wiedergeburt des Apfelweins inzwischen trägt. Die Bude ist nicht nur bei den Spielen von Eintracht Frankfurt, des wirkmächtigsten aller Apfelweinbotschafter, voller junger Leute, für die der Äppler wieder ein so selbstverständlicher Teil ihrer Trinkkultur ist wie für die »ahlen Simbel«, die noch immer mit derselben Selbstverständlichkeit zum Inventar der Wirtschaft gehören. Extrawürste gibt es für niemanden, und wer auf dicken Maxe macht, fliegt raus, weil das der kostbarsten Eigenschaft des Apfelweins zuwiderliefe, einer Qualität, die noch keine Staatsform so vollkommen zustande gebracht hat wie das Stöffche: Vor dem Bembel und dem Gerippten sind endlich alle Menschen gleich.

shops. Zur Verarbeitung des eigenen Obstes steht eine mobile Kelterei bereit, im Hofladen wartet ein breites Sortiment an Streuobstprodukten, von selbst gemachten Marmeladen bis zu eigenen Obstbränden. Man kann aber auch nur einen Schoppen trinken, eine Kleinigkeit essen und den weiten Blick über die Stadt und den Odenwald genießen.
Klingenweg 90, Tel. 069 479994
www.mainaeppelhauslohrberg.de

Obsthof am Steinberg
Kaum ein Apfelweinwinzer hat so früh und radikal die Karte der Qualität gespielt wie Andreas Schneider. Im Jahr 1993 übernahm der ausgebildete Obstbauer den elterlichen Obsthof am Steinberg im Frankfurter Stadtteil Nieder-Erlenbach, stellte ihn sofort auf biologischen Anbau um und begann, sortenreine Apfelweine auszubauen. 1999 kam eine Schoppenwirtschaft hinzu, und mittlerweile ist aus dem Obsthof eine Art Miniaturuniversum rund um den Apfelwein geworden. Schneider veranstaltet Apfelwanderungen, Raritätenverkostungen oder auch Einschulungen unter dem Apfelbaum für künftige Schoppepetzer. Außerdem kann man einen Picknickplatz reservieren oder eine Baumpatenschaft übernehmen.
Am Steinberg 24, Tel. 0610141522
www.obsthof-am-steinberg.de

Weidmann & Groh
Was dem Traubenwinzer Riesling, Silvaner und Weißburgunder, sind Norman Groh Goldparmäne, Kaiser Wilhelm und Bohnapfel: der Grundstoff für exzellente, individuelle Charakterweine. Groh schwört auf hessisches Streuobst und baut es in der Regel sortenrein aus. Er hat aber auch Lagenapfelweine, Apfelperlweine und den Apfelschaumwein »Nizza« im Angebot. Der trägt denselben Namen wie ein Abschnitt des Mainufers, an dem in der Belle Époque Frankfurts bessere Gesellschaft den berühmten Apfelwein-Champagner genossen hat. Die Stöffche von Norman Groh, der auch Schnaps brennt, kann man guten Gewissens als Grands Crus unter den Apfelweinen bezeichnen.
Friedberg, Ober-Wöllstädter-Str. 3
Tel. 06031 770397, www.weidmann-groh.de

Was für steile Karrieren!

Vom Papierbogen zur Lampe, vom Ohrring zur Kette, vom kleinen Teehaus zur großen Teemarke: unsere Lieblingsstücke und ihre Geschichten

LEUCHTENDES KULTGLAS
Geschickt gerippt

Was diese kleinen Rauten alles können: Sie geben dem Gerippten, dem traditionellen Apfelwein-Glas, seine Struktur und damit besseren Halt. Sie kaschieren Fettflecken (durchaus ein Thema in Apfelweinkneipen). Und sie inszenieren den Apfelwein, lassen selbst trübe Sorten glänzen. Letztere Stärke macht sich die Designerin Andrea Moseler zunutze, sie lässt die Rauten aber nicht nach innen leuchten, sondern von innen. Und sie baut das Glas aus wasserfestem Spezialpapier nach, das man an beiden Enden zusammensteckt. Teelicht hinein und Licht an!
www.andreamoseler.com

RODGAUER LEDER

Applaus für die Clutch

Rodgau, südöstlich von Offenbach, ist schon lange ein Leder-Hotspot. »Abro« etwa wurde dort 1930 als Gürtelfabrik gegründet, die Marke steht für den Namen des Gründers (Adam Bruder) und den Ort. Heute ist Abro für seine Taschen bekannt. Wir finden: Diese Clutch ist ein Alleskönner.
www.abro.de

SCHMUCKE VERWANDLUNG

Aus Ohrstecker wird Anhänger: Im Frankfurter »Oständ Store« (Sonnemannstr. 73) verkauft Alexandra Brückmann Schmuck mit Geschichte und schöne Dinge anderer Labels aus der Region.

www.almastore.de

Aroma aus der Dose

Vor bald 200 Jahren gründete Tobias Ronnefeldt in Frankfurt ein Teehaus. Es wuchs zu einem Teeimperium, sein Sitz aber ist bis heute in Bockenheim. »Tea Couture« heißt die Kollektion farbenfroher Dosen, die mit losem Tee wie dieser Früchtemischung gefüllt sind.
www.ronnefeldt.com

Block statt Soße

Die sieben Kräuter, die in jede Grüne Soße gehören, kommen gern auch anderweitig zum Einsatz: etwa in diesem Fudge, das auch weiße Schokolade und Cashewkerne enthält.
www.aromakuenstler.de

Spaziergang im Platanenhain: Das Gelände steht den Darmstädtern rund um die Uhr offen. Manche der Bäume sind 150 Jahre alt, der Hochzeitsturm, der dahinter aufragt, wurde 1908 gebaut

Die Wende zur Moderne

Vor mehr als 100 Jahren entstand die **Mathildenhöhe,** die bald UNESCO-Welterbe werden könnte. Die Künstlerkolonie in Darmstadt ist wegweisend für Generationen von Kreativen und steht für einen Umbruch in der europäischen Architektur

TEXT **TINKA DIPPEL** FOTOS **ANJA JAHN**

Ob er wohl mal einen Meter beiseite gehen könnte? »Sie stehen genau in unserer Bahn.« Philipp Gutbrod, der Direktor des Instituts Mathildenhöhe, hebt entschuldigend die Hände in Richtung der kleinen Gruppe, die im Schatten teils 150 Jahre alter Platanen Boule spielt, und macht Platz. Das Gelände der einstigen Künstlerkolonie, die im Sommer 2020 auf gutem Weg ist, UNESCO-Welterbe zu werden, ist rund um die Uhr für alle offen. Gutbrod mag es, dass die Menschen nicht nur hierherkommen, um das Gebäudeensemble zu besichtigen. Sie kommen, weil es schön ist hier, »ein friedlicher und positiver Ort«.

Ein paar Meter jenseits des kleinen Platanenhains haben zwei Mädchen ihren Bollerwagen neben einer Picknickdecke geparkt, verkaufen Bücher, CDs und Plüschtiere. Zwei junge Frauen liegen im Bikini auf akkurat getrimmtem Rasen neben einer reich verzierten Kapelle, deren vergoldete Kuppeln in der Sonne glänzen. Dahinter ragt Darmstadts Wahrzeichen fast 50 Meter in den an diesem Sommertag tiefblauen Himmel: der rotbraune Turm, den sie hier »Fünf-Finger-Turm« nennen, weil seine Krone aussieht wie eine hoch gehaltene flache Hand. Der an den Turm gebaute Gebäuderiegel ist eingerüstet. Durch die UNESCO-Bewerbung, die vielen Sanierungen und den Ausbau der Infrastruktur herrsche eine Aufbruchsstimmung auf der Mathildenhöhe, sagt ihr Direktor. Bald, so meint er, werde sie wieder erstrahlen wie zuletzt im Jahr 1914.

1914 beendete der Ausbruch des Ersten Weltkriegs vorzeitig die letzte von vier großen Ausstellungen auf dieser Anhöhe. 1901 hatte hier die erste Internationale Bauausstellung überhaupt stattgefunden. Seit 1899 bearbeiteten Künstler und Architekten die Mathildenhöhe und schufen über die Jahre ein Gesamtkunstwerk an Wohn- und Ausstellungshäusern, Skulpturen, Brunnen, Gärten und dem Turm – und diesem Ensemble sieht man eines sofort an: dass es nicht aus einer Hand stammt. Was hier steht, waren die kollektiven Antworten diverser starker Köpfe auf ästhetische und soziale Fragen, die um die vorletzte Jahrhundertwende im Zuge der Industrialisierung und sich schnell verdichtender Städte immer drängender geworden waren. Und einige der Antworten sollten sich als wegweisend herausstellen.

Etwa für Frank Lloyd Wright, der später das Guggenheim Museum in New York baute. »Er kam im Winter 1909 nach Deutschland und wollte nach eigener Aussage vor allem eines sehen: die Architektur auf der Mathildenhöhe«, erzählt Gutbrod. Oder Bauhaus-Gründer Walter Gropius. Er habe in den 1960er Jahren in Sichtweite der Mathildenhöhe ein Gebäude für das Bauhaus-Archiv geplant. Berlin sei dann nur deshalb zum Zug gekommen, weil in Darmstadt die Finanzierung nicht zustande gekommen war.

»In wie vielen Aspekten die Mathildenhöhe einzigartig ist, war vor der Bewerbung nicht ersichtlich – das wusste niemand von uns«, sagt Philipp Gutbrod. Dann gruben sein Team und er sich nochmal ganz tief in die Geschichte ein. Gutbrod wurde 2015 Direktor, da hatte die Mathildenhöhe gerade den

ERNST LUDWIG GROSSHERZOG VON HESSEN UND BEI RHEIN
(1868-1937)

Der Gründer der Künstlerkolonie war der letzte Großherzog von Hessen und bei Rhein. Seine Mutter Alice ist eines von neun Kindern der britischen Königin Viktoria. Durch die in England um die Jahrhundertwende einflussreiche Arts-and-Crafts-Bewegung kam ihm die Idee, in seiner Heimat Architektur, Handwerk und Kunst als großes Ganzes zu fördern. 1918 musste er abdanken, lebte aber bis zuletzt auf Schloss Wolfsgarten, 15 Kilometer südlich von Frankfurt.

Sprung auf die deutsche Vorschlagsliste für das Welterbe geschafft. Die UN-Organisation für Bildung, Wissenschaft und Kultur ist mit wachsender Liste strenger geworden, zwei dicke Bücher haben die Stadt Darmstadt und das Landesamt für Denkmalpflege Hessen in Abstimmung mit einem internationalen Beratungsgremium gefüllt und darin immer mehr Beweise für die Einzigartigkeit zusammengetragen. Ein Wort, mit dem der Stil auf der Mathildenhöhe meist beschrieben wird, kommt darin kaum vor: Jugendstil. Weil es zwar zutrifft, überall sind hier Jugendstilelemente zu finden. Das eine Wort greift aber zu kurz, findet Gutbrod. »Sie können hier auch bereits Elemente des Neuen Bauens und des Expressionismus sehen. Wir sind ein zentraler Ort der Frühmoderne.«

Dass dieser Ort entstehen konnte, ist vor allem Ernst Ludwig Großherzog von Hessen und bei Rhein zu verdanken, einem von 40 Enkeln der britischen Königin Viktoria, Cousin Kaiser Wilhelms II. und Bruder der letzten Zarin von Russland. Er war 23, als er 1892 die Regierungsgeschäfte von Hessen übernahm, dessen Hauptstadt damals Darmstadt war. Gerne hätte er sich außenpolitisch engagiert, das wurde ihm aber verwehrt. Ernst Ludwig galt als weltoffen, malte und komponierte gern und hatte großes Interesse an neuen Denkansätzen. Davon gab es zur Jahrhundertwende jede Menge – nur wie sie nach Darmstadt holen? Ernst Ludwigs Antwort: mit Freiheit. Am höchsten Ort seiner Hauptstadt öffnete er ab 1899 einen Raum für Kreative. »Mein Hessenland blühe und in ihm die Kunst«, so sein Wunsch.

Sieben Künstler und Architekten, die meisten am Anfang ihrer Karriere, folgten seinem Ruf, der heute bekannteste von ihnen, Joseph Maria Olbrich, hatte gerade das Gebäude der

Schmückt den Eingangsraum des Hochzeitsturms: das Mosaik »Der Kuss« von Friedrich Wilhelm Kleukens

Wiener Secession entworfen, eines der bedeutendsten Zeugnisse des Jugendstils in Österreich. Olbrich hatte große Pläne: »Eine Stadt müssen wir erbauen, eine ganze Stadt! Alles andere ist nichts! Die Regierung soll uns ... ein Feld geben, und da wollen wir dann eine Welt schaffen.«

Auf der Anhöhe, einst Weinberg, später Landschaftsgarten, stand noch nicht viel. Nur der Platanenhain, in dem heute oft Boule gespielt wird, war schon angelegt, und die Russische Kapelle mit den vergoldeten Zwiebeltürmen war im Bau – für die Besuche von Ernst Ludwigs Schwester und der Zarenfamilie bei der Verwandtschaft in Darmstadt. Architekt der Kirche war ein Großvater des Schauspielers Peter Ustinov. Nur eine Nebengeschichte, aber solche Geschichten sind charakteristisch für die Mathildenhöhe, überall tun sich welche auf.

Der Architekt Olbrich bekam fast grenzenlose Möglichkeiten, eine Spielwiese, wie sie sich nur wenigen Kreativen bietet: Gleich zu Beginn konnte er ein Atelierhaus mit Wohnungen für die Kolonie bauen. Unterhalb davon entstanden acht einzeln stehende Häuser mit Gärten, die teils von Olbrichs Kollegen bewohnt wurden. Eines wurde 1944 von den Bomben auf Darmstadt zerstört, die anderen sieben stehen noch. Wer an ihnen vorbeispaziert, guckt durch mit Ornamenten geschmückte Metallzäune, die noch aus den ersten Jahren stammen und wie alles hier schon lange streng unter Denkmalschutz stehen. Man sieht Gebäude, die sich in Form und Größe deutlich unterscheiden und teils Maßstäbe setzten. Das größte der acht Häuser, damals von einem Möbelfabrikanten als Showroom genutzt, heute Sitz der Deutschen Akademie

Freiluftgalerie im Platanenhain: Der Kreislauf des Lebens war das Thema der zahlreichen Reliefs und Skulpturen, die der Bildhauer Bernhard Hoetger für die letzte Ausstellung 1914 schuf. Bis heute kann man sie zwischen den Bäumen abspazieren, hier die »Auferstehung«, ein Relief aus Muschelkalk

Großer Auftritt für das Atelierhaus: Mitten in die klaren Linien des Gebäudes setzte der Architekt Joseph Maria Olbrich dieses reich verzierte Portal in Form eines Omegabogens. Flankiert wird es von Ludwig Habichs sechs Meter hohen Skulpturen, die »Kraft« und »Schönheit« heißen

für Sprache und Dichtung, hat breite, geschweifte Giebel. Ein anderes hat heute ein von der Straße kaum sichtbares Dach, das damals sogar komplett flach war – Anfang des 20. Jahrhunderts, einige Jahre, bevor die Bauhaus-Architekten Flachdächer zu einem ihrer Markenzeichen machten. Fast alle Häuser hat Olbrich gebaut, nur eines nicht. Es ist das vorderste in der Reihe, heute privat bewohnt, eine Villa mit dunkelgrünem Keramikdekor. Einer der Künstlerkollegen ließ es sich nicht nehmen, dieses Haus selbst zu entwerfen: Peter Behrens, der ein enorm einflussreicher Architekt und Industriedesigner wurde und als einer der Ersten ein Corporate Design entwickelte, für die AEG.

Er kam als bildender Künstler nach Darmstadt und wurde anfangs von einigen belächelt dafür, dass er sich nun als Architekt versuchen wollte. Wäre er nicht nach Darmstadt umgesiedelt, »vielleicht wäre er nie Architekt geworden«, meint Philipp Gutbrod. In dem Büro, das Behrens später gründete, arbeiteten sowohl Walter Gropius als auch Ludwig Mies van der Rohe und Le Corbusier.

Man möchte gerne dabei gewesen sein, als die Egos von Olbrich, Behrens und Großherzog Ernst Ludwig in jungen Jahren aufeinandertrafen, wie sie sich in ihrem Freiraum zusammenrauften, wie sie aufeinandereinwirkten. Der Direktor der Mathildenhöhe lässt anklingen, dass Behrens und Olbrich nicht immer die beste Chemie hatten, sich aber durchaus gegenseitig anstachelten. Und dass hier wilde Feste gefeiert wurden. Es ging in Darmstadt nicht nur um Gebäude und Kunst, es ging um die Ausgestaltung möglichst vieler Lebensbereiche und damit auch um die Frage, wie gelebt wird. Die Künstler legten Gärten an, statteten die Häuser komplett aus, von der Fliese bis zur Gabel. Der Titel der Bauausstellung 1901 lautete »Ein Dokument deutscher Kunst«. Von Mai bis Oktober reisten Journalisten und Kunstinteressierte aus aller Welt an. Einen Überblick über das, was sie zu sehen bekamen, gibt das Museum Künstlerkolonie, das im einstigen Atelierhaus untergebracht ist: Geschirr, Vasen, Leuchten, Betten, Tische, Wandverkleidungen, Bestecksets, Schmuck, Keksdosen – alles formvollendet, vieles mit Jugendstildekor, aber ohne viele Schnörkel. Diese Dinge könnten heute in Einrichtungshäusern stehen und würden viele neue Designs alt aussehen lassen, so zeitlos wirken sie.

Form follows function, die Form folgt der Funktion: Was dann im Bauhaus zum Leitsatz wurde, kam hier bereits zur Anwendung. Ernst Ludwig hatte sich länger in England aufgehalten und dort die Arts-and-Crafts-Bewegung kennengelernt, die der Industrialisierung eine Kombination aus Kunst und Handwerk entgegensetzte. Er adaptierte diesen Ansatz und stärkte Handwerk und Gewerbe in Hessen.

Viele Entwürfe aus der Künstlerkolonie gingen in Serie, das eine oder andere, das damals produziert wurde, taucht jetzt wieder auf. »Wir werden immer wieder von Menschen aus aller Welt kontaktiert«, erzählt der Direktor. »Eine Dame kam mal zu uns mit einem Etui und einer Brosche, die ihre Ururgroßmutter 1901 auf der Mathildenhöhe erworben hatte.« Sie war ein Werk von Rudolf Bosselt, einem der ersten Mathildenhöhe-Künstler. Oder ein Harmonium von Albin Müller, das ihnen geschenkt wurde: »Ich traute meinen Augen

Für den Familienclan gebaut:
die reich verzierte und deswegen sehr
fotogene Russische Kapelle

PETER BEHRENS

(1868-1940)

Ursprünglich als Maler ausgebildet, entpuppte sich Peter Behrens, einer der Ersten in der Künstlerkolonie, als Multitalent. Er war ein Vordenker des Neuen Bauens und entwarf auch Industriebauten mit klar ersichtlicher Funktion, etwa eine Turbinenhalle für die AEG. Für den Elektrokonzern entwickelte er auch eine komplette optische Corporate Identity – die als eine der ersten überhaupt gilt.

nicht«, erzählt Gutbrod. Für die Mathildenhöhe sind solche Geschenke unendlich wertvoll.

Albin Müller war in den letzten Jahren vor dem Ersten Weltkrieg der führende kreative Kopf auf der Mathildenhöhe, weil Olbrich mit nur 40 Jahren während der dritten von vier großen Ausstellungen an Leukämie starb. Dessen letzte große Werke: das Ausstellungsgebäude auf dem einstigen Wasserreservoir der Stadt, das gerade eingerüstet ist, und der Turm mit den fünf Fingern. Offiziell heißt er Hochzeitsturm, weil er anlässlich Ernst Ludwigs zweiter Hochzeit gebaut worden ist.

Die Themen und Protagonisten wandelten sich mit der Zeit und ihren Bedürfnissen. Die erste der vier Schauen entpuppte sich künstlerisch als großer Erfolg, floppte aber finanziell. Bei der zweiten 1904 schrumpfte entsprechend der Umfang, bei der dritten 1908 wurde nur Kunsthandwerk aus Hessen gezeigt. 1914 ging es nicht mehr um Eigenheime, Albin Müller stellte eine Mietshausgruppe vor, mit 37 teils komplett eingerichteten Wohnungen. Sie wurde 1944 zerstört. Der Bildhauer Bernhard Hoetger platzierte für die vierte und letzte Ausstellung im Platanenhain Skulpturen und Reliefs, die bis heute zu sehen sind. Sein Thema dabei: der Kreislauf des Lebens, Werden und Vergehen.

Mit dem Ende des Ersten Weltkriegs endete die Regentschaft von Großherzog Ernst Ludwig. Sein Cousin Kaiser Wilhelm II. dankte ab. Seine Schwester und der Zar wurden ermordet, in ihrer Kapelle auf der Mathildenhöhe finden bis heute orthodoxe Gottesdienste statt. Die Künstlerkolonie bestand bis in die 1920er Jahre weiter – aber kaum mehr als nominell.

209 Stufen führen hinauf in die Spitze des Hochzeitsturms. Beim Aufstieg erzählt Philipp Gutbrod, dass heute Paare aus aller Welt anreisen, um in dem Turm getraut zu werden. Fast vier Stunden hat er nun von der Mathildenhöhe geschwärmt, nun gibt er zu, dass ihm in ihrer Geschichte auch etwas fehlt: Frauen. »Insgesamt gab es hier 23 Mitglieder der Künstlerkolonie Darmstadt – leider nur Männer.« Deshalb arbeiten er und sein Team daran, die Künstlerinnen, die sich assistierend und zuliefernd an den Ausstellungen beteiligt hatten, stärker ins Licht zu rücken.

Von ganz oben geht der Blick aus dem Turm über Darmstadt bis hin zur Skyline Frankfurts. In der entgegengesetzten Richtung erkennt man ein unbebautes Grundstück, auf dem 2021 das neue Besucherzentrum wachsen soll. Der Direktor gibt noch eine Empfehlung mit auf den weiteren Weg: den Olbrichweg, der die Anhöhe hinabführt, bis nach unten zu laufen.

Dort wachen sechs wuchtige Löwen auf Pfeilern über dem Eingang zum Park Rosenhöhe. Das Löwentor ist ein Werk Albin Müllers und Bernhard Hoetgers

Das architektonische Erstlingswerk von Peter Behrens: sein Wohnhaus am Alexandraweg 17

und wurde verlegt, es war 1914 der Eingang zur Ausstellung auf der Mathildenhöhe. Am Prinz-Ludwig-Weg, der sich durch das Gelände schlängelt, kniet ein bronzener Engel. Er beschützt das Grab Elisabeths, Ernst Ludwigs Tochter, die 1903 mit acht Jahren an Typhus starb. Der Engel ist ein Werk Ludwig Habichs, eines Mathildenhöhe-Künstlers. Wenige Meter weiter liegt das Grab Ernst Ludwigs neben dem seiner zweiten Frau Eleonore, seines Sohnes, seiner Schwiegertochter und seiner Enkel. 1937 ist er gestorben.

Der Blick von dort dürfte ihm gefallen: Wenn sich die Baumkronen darüber im Wind wiegen, geben sie immer wieder den Blick frei auf die fünf Finger seines Hochzeitsturms. ▪

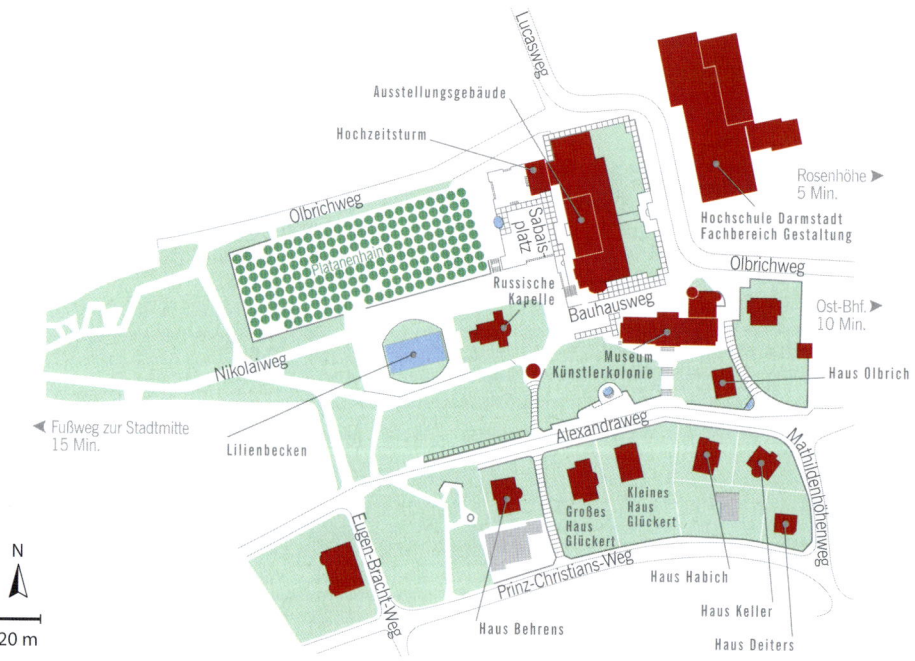

Hochzeitsturm

Der 48,5 Meter hohe Turm von Joseph Maria Olbrich ist das Wahrzeichen der Kolonie und der ganzen Stadt. Betrieben wird er heute von einem Förderkreis. Schon das Foyer ist sehr sehenswert: zwei große Mosaikbilder des Mathildenhöhe-Künstlers Friedrich Wilhelm Kleukens, »Der Kuss« und »Fortuna«, schmücken es. Auf dem Weg nach oben (209 Stufen) kommt man am einstigen Zimmer Ernst Ludwigs vorbei, auf der Ebene darüber kann man heute im ehemaligen Raum seiner zweiten Frau Eleonore heiraten. Von der obersten Ebene hat man einen Rundblick bis zur Skyline Frankfurts.
www.hochzeitsturm-darmstadt.eu

Museum Künstlerkolonie

Das Museum wurde 1990 im Atelierhaus von Olbrich eingerichtet. Einen sehr guten Überblick über die vier Ausstellungen vor mehr als 100 Jahren und die Strahlkraft der Kolonie gibt die Dauerausstellung »Raumkunst – Made in Darmstadt 1901«. Ein Kunstwerk für sich ist das Portal an der Südseite, das von zwei Tuffsteinfiguren (»Kraft« und »Schönheit«) des Künstlers Ludwig Habich gerahmt wird. Im Innern sind Objekte wie Schmuck oder Vasen aber auch ganze Raumkompositionen zu sehen – die auch auf Weltausstellungen gezeigt wurden. Führungen werden angeboten.
www.mathildenhoehe.eu

Rundgänge

Es lohnt sich sehr, das gesamte Gelände zu erkunden: den Platanenhain mit den Skulpturen von Bernhard Hoetger, die Russische Kapelle mit dem Lilienbecken von Albin Müller davor, die Wohnhäuser. Das große zentrale Ausstellungsgebäude wird seit 2012 abschnittsweise saniert, die nächste Wechselschau ist dort ab Oktober 2020 zu sehen. Führungen über das Gelände mit diversen Schwerpunkten und für verschiedene Zielgruppen bietet Darmstadt Marketing an.
www.mathildenhoehe.eu
www.darmstadt-tourismus.de

Schloss Wolfsgarten

Großherzog Ernst Ludwig war der Motor der Mathildenhöhe, er lebte aber nicht dort, sondern im Neuen Palais in Darmstadt und auf Schloss Wolfsgarten, das in Langen zwischen Darmstadt und Frankfurt liegt. Joseph Maria Olbrich baute dort 1902 ein kleines, komplett ausgestattetes »Prinzessinenhaus« für Ernst Ludwigs Tochter Elisabeth, die im Jahr darauf an Typhus starb. Schloss und Garten sind nicht öffentlich zugänglich – außer zum Beispiel im Rahmen des Fürstlichen Gartenfestes, das dort stattfindet.
www.gartenfest.de/wolfsgarten

Bad Nauheim

In dem Kurort, rund 30 Kilometer nördlich von Frankfurt gelegen, entstand unter Großherzog Ernst Ludwigs Regentschaft ab 1905 der Sprudelhof, eine Kur- und Badeanlage, die als größtes geschlossenes Jugendstilensemble in Europa gilt. Architekt war der Darmstädter Wilhelm Jost, doch auch der eine oder andere Mathildenhöhe-Künstler wirkte mit, etwa Albin Müller und Friedrich Wilhelm Kleukens. Das Stadtmarketing von Bad Nauheim bietet Führungen an.
www.bad-nauheim.de
www.sprudelhof.de

Für alle, die durstig nach Wissen sind.
Die sich weiterbilden und uns weiterbringen.

Martha, Studentin

FÜR EUCH. Bild

Kleinod mitten in der Fußgängerzone: das »Café Fräulein Mondschein«

Hinein ins bunte Patchwork

Darmstadt, einst Residenz- und jetzt **Wissenschaftsstadt,** ist mit der Straßenbahn oder dem Fahrrad gut zu erkunden. Viele Akademiker und Studenten sorgen für eine rege Kulturszene

ERLEBEN

Hessisches Landesmuseum Darmstadt

Ein Haus mit Alleskönner-Qualität: eine der raren kunst-, kultur- und naturhistorischen Universalsammlungen in einem mehr als 100 Jahre alten, mehrfach erweiterten, maßgeschneiderten Bau, der jeder Abteilung ihren Auftritt ermöglicht. Die Sammlung hat ihre Ursprünge im 17. Jahrhundert und wächst bis heute. Zu sehen sind Kunstschätze vom Mittelalter bis zum »Block Beuys«, der fast 300 Objekte eines der prägendsten Künstler des 20. Jahrhunderts umfasst. Kleinod: die Jugendstilabteilung mit Raumensembles von Henry van de Velde. Toll für Kinder: die naturhistorische Abteilung mit mehr als 100 Jahre alten Dioramen, die immer noch großes Kino sind. Schön für eine Pause: das Café

»Herzblut und Zinke«. Oder der direkt angrenzende Herrngarten.
Friedensplatz 1, www.hlmd.de
www.herzblut-und-zinke.de

Residenzschloss

Mitten in der Stadt befindet sich ein Patchwork der Epochen und Funktionen. Das Schloss entstand aus einer im 13. Jahrhundert errichteten Burg, wurde mehrfach zerstört und hat noch einen Renaissance- und einen Barockflügel. Heute beherbergt es etwa Institute der TU Darmstadt und ein Museum, das die Geschichte des Hauses erzählt. Schön gelegen auf der alten Bastion und perfekt für ein kühles Getränk: der »Schlossgarten«.
Hochschulstr. 1
www.schlossgarten-darmstadt.de

Wissenschaftslinie 4

Mehr als 30 Forschungseinrichtungen haben ihren Sitz in Darmstadt – offiziell »Wissenschaftsstadt« – darunter drei Institute der Fraunhofer-Gesellschaft, das GSI Helmholtz-Zentrum für Schwerionenforschung und das Europäische Raumflugkontrollzentrum. Die meisten davon liegen an der Straßenbahnlinie 4, die Montag bis Freitag in 35 Minuten von Kranichstein bis nach Griesheim führt. Am Wochenende bedienen die Linien 5 und 9 diese Strecke. Das Besondere: Unterwegs kann man sich an zehn Stationen über die Forschung vor Ort informieren – per App oder Telefon.
www.heagmobilo.de/de/wissenschaftslinie-4

Kuppelkirche St. Ludwig

Außen hui, innen wow: Die katholische Hauptkirche St. Ludwig, ein klassizistischer Kuppelbau aus dem Jahre 1827 (nach dem Zweiten Weltkrieg wiederaufgebaut) ist schon von außen sehr ansehnlich. Und innen erst: 28 Säulen im korinthischen Stil tragen die Kuppel mit einem Durchmesser von 33 Metern. Seit

der Sanierung von 2002 bis 2005 ist sie leuchtend blau bemalt, die Wände tragen ein nicht minder kräftiges Orangerot.
Wilhelminenplatz 9

Centralstation
Darmstadt war im späten 19. Jahrhundert die dritte Stadt in Deutschland mit einem Kraftwerk, das weite Teile der Stadt mit Elektrizität versorgte. Die ehemalige »Centralstation für elektrische Beleuchtung«, 1915-76 noch als Schaltwerk genutzt, dann stillgelegt, liegt im Zentrum. Im März 1999 öffnete sie sich, komplett umgebaut, für die Kultur. Konzerte, Lesungen, Science-Slams, Theaterstücke: Das Programm ist vielfältig und sehr beliebt.
Im Carree, www.centralstation-darmstadt.de

ESSEN UND TRINKEN
Obendrüber
Was den Berlinern ihr KaDeWe ist den Darmstädtern ihr Kaufhaus Henschel. Wie sich das für ein Traditionskaufhaus gehört, kann man dort ganz gut essen – und dabei die hübsche Aussicht genießen. Im »Obendrüber« gibt es zu wechselnden Gerichten wie Bowls oder Burgern den Blick über das Schloss bis zur Waldspirale, einer Wohnanlage, die der Künstler Friedensreich Hundertwasser kurz vor seinem Tod entwarf.
Marktplatz 2, www.henschel-darmstadt.de

Weinspirale
Ein Zwiebelturm schmückt die Wohnanlage Waldspirale und beherbergt seit November 2019 die »Weinspirale«, eine Weinbar. Die hat regulär nur abends geöffnet und ist perfekt für einen Rosé, Grauburgunder oder Primitivo, dazu gibt es Kleinigkeiten wie Oliven oder Käse.
Waldspirale 1, www.weinspirale.de

Ratskeller
Würste, Schnitzel, Spätzle, natürlich Grüne Soße und dazu hausgebrautes Bier (Pils, Dunkles oder Weizen) werden im Alten Rathaus serviert, das seit 1601 in seiner heutigen Form am Marktplatz steht. Innen urig, bei schönem Wetter kann man auch draußen sitzen.
Marktplatz 8, www.ratskeller-darmstadt.de

Café Fräulein Mondschein
Das Café-Kleinod, geführt von den Geschwistern Katharina und Tobias Wenz, liegt im verkehrsberuhigten Zentrum. Es gibt guten Kaffee und Limonaden, herzhafte Kleinigkeiten und ein Kuchenangebot, das auch Veganer glücklich macht. Draußen sitzt man in der Fußgängerzone der Wilhelminenstraße oder im Innenhof.
Wilhelminenstr. 17A

EINKAUFEN
Schulstraße
Individuelle Geschäfte rahmen diese Straße im Zentrum. Das Sneaker-Eldorado Asphaltgold (Ludwigsplatz 8 A) hat eine feine Auswahl an Turnschuhen und Streetwear. Nachhaltige Klamotten und Accessoires gibt es bei Soulid (Schulstr. 5), zeitlose Männermode bei Volls (Schulstr. 1). Und gegen Abend trifft sich alles auf einen Drink im »Apéro« (Schulstr. 6).

Martinsviertel
Nördlich der Innenstadt liegt dieses schöne alte Viertel, das bei jungen Darmstädtern und den vielen Studenten der Stadt beliebt ist. Dort finden sich neben Kneipen und Cafés zwei Secondhand-Läden: Lejla's First & Vintage (Liebfrauenstr. 59) und Pompadour (Schuknechtstr. 1).

HOTELS
Hotel Jungstil
Das familiengeführte Boutiquehotel mit 30 Zimmern liegt etwas nördlich des Stadtzentrums in der Nähe von Hundertwassers Waldspirale. Ein schöner, rund 30-minütiger Spaziergang führt von dort durch das Martinsviertel und den Herrngarten ins Zentrum.
Frankfurter Str. 77, www.hotel-jungstil.de

Hotel Mathildenhöhe
Das Boutiquehotel liegt am Fuß des Osthangs der Mathildenhöhe. Von dort sind es nur fünf Minuten zu Fuß zur ehemaligen Künstlerkolonie, auch ins Stadtzentrum kommt man schnell. Alle 22 Zimmer sind geräumig und haben einen Balkon.
Spessartring 54
www.mathildenhoehe-hotel.de

INFO
Die zentrale Touristinformation, wo Sie alle wichtigen Informationen bekommen, befindet sich direkt am Luisenplatz.
Luisenplatz 5, www.darmstadt-tourismus.de

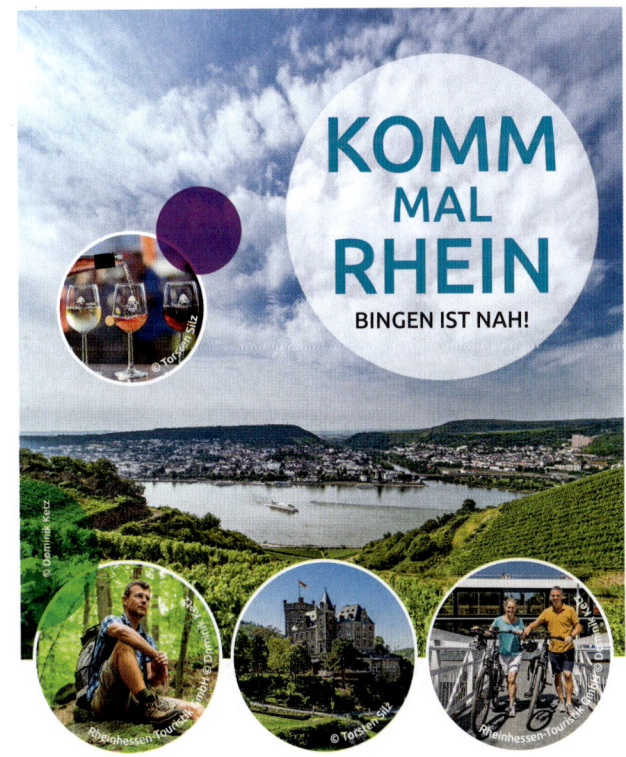

DER BODENSCHATZ AM GLAUBERG

Vor etwa 2400 Jahren lebten im Osten der Wetterau enorm kunstfertige und gut vernetzte Menschen, davon erzählt ein Fund, der eine Weltsensation war – und sein eigenes Museum bekam: **die Keltenwelt**

TEXT **TILMAN SPRECKELSEN**

1 | Star der »Keltenwelt«: der »Keltenfürst«, eine lebensgroße, fast komplett erhaltene Statue aus Sandstein lag rund 2400 Jahre unter der Erde 2 | Reich verziertes Leichtgewicht: Dieser Halsring aus Gold, gefunden in einem von drei Keltengräbern, wiegt nur 176 Gramm 3 | Magischer Ort: Wie ein großer Guckkasten steht das Museum »Keltenwelt am Glauberg«. Davor stehen Nachbildungen des »Keltenfürsten«

Als er in einem kleinen Flugzeug als Passagier über der Wetterau kreiste, wollte Werner Erk eigentlich von dort oben nur eine Schule fotografieren. Aber bei der Gelegenheit, so dachte sich der damals zweite Vorsitzende des Heimat- und Geschichtsvereins Glauburg e. V., könnte er doch auch Bilder im Süden des 271 Meter hohen Glaubergs machen, am Fuß des Plateaus, auf dem schon in den dreißiger Jahren archäologische Funde aus verschiedenen Epochen entdeckt worden waren. Tatsächlich sah Erk aus der Luft »einen grünen Halbkreis im langsam gelb werdenden Korn«, nahm das als Hinweis auf ein im Boden verborgenes altes Bauwerk und lieferte die Fotos stolz bei den zuständigen Denkmalpflegern in Wiesbaden ab. Das war im Jahr 1988.

Es dauerte noch sechs Jahre, bis die Stelle fachgerecht archäologisch untersucht wurde. Was dann allerdings zum Vorschein kam, übertraf alle Erwartungen: Der grüne Halbkreis entpuppte sich als Rest eines Grabhügels, in dem vor etwa 2400 Jahren zwei Menschen bestattet worden waren. Die Toten hatten Schmuck, Waffen und wert-

volles Geschirr auf ihren Weg ins Jenseits mitbekommen. Ein drittes Grab kam in der Nähe zum Vorschein, außerdem eine lebensgroße Sandsteinstatue und Fragmente von mindestens drei weiteren Statuen.

Erstmals gezeigt wurden sie 2002 in Frankfurt, in der Kunsthalle Schirn. Da wuchs am Glauberg bereits eine Idee: Warum nicht die Funde dort präsentieren, wo sie ans Licht gekommen sind, in einem eigens am Glauberg gebauten Museum, das nur ihnen gewidmet ist? Im Mai 2011 war es so weit, da wurde am Fundort das Museum »Keltenwelt am Glauberg« eröffnet, umgeben von einem 35 Hektar großen Archäologischen Park und mit Blick auf den mittlerweile rekonstruierten, sechs Meter hohen Grabhügel. Im ersten Jahr kamen knapp 100 000 Besucher, und auch fast zehn Jahre später sind es jährlich noch 40 000, zu denen noch die Besucher des Archäologischen Parks kommen – ein Segen für die Region.

Wenn man von Frankurt zur Keltenwelt fährt, passiert man mit der Regionalbahn im Norden Bad Vilbel. Hier beginnt die Wetterau, fruchtbares Land seit jeher. Hinter

Der Archäologische Park im Überblick: Rechts im Bild sieht man einen Teil der bewaldeten Krone des Glaubergs, unterhalb davon den Flachbau des Museums und den rekonstruierten Grabhügel. Dahinter liegt der Ort Glauburg

Bad Vilbel wird die Strecke eingleisig, die Wiesen und die Sonnenblumenfelder rücken näher an die Schienen, Rehe und Kaninchen laufen vor der Bahn davon. Nach einer guten Stunde hält der Zug am Bahnhof von Glauburg-Glauberg am Ostrand der Wetterau. Der Fußweg ist ausgeschildert, er führt rasch aus dem Ortsteil hinaus und vorbei an Streuobstwiesen eine Anhöhe hinauf, auf einen Wald zu, der die Hügelspitze umgibt.

Und dann, hinter einer Wegbiegung, das Museum: Es schmiegt sich flach an den Berg, sticht aber mit seiner Stahlverkleidung und der Glasfront zum Grabhügel hin aus der Landschaft heraus. Vor dem Eingang empfängt der »Keltenfürst« die Besucher, zigfach kopiert nach jener Sandsteinstatue, die mit ihrem flächigen Kopfschmuck längst zur Symbolfigur der »Keltenwelt«, wenn nicht der Kelten im Rhein-Main-Gebiet überhaupt geworden ist.

Innen geht es eine Treppe hoch, dann ist die Ausstellung auf einer Etage zu sehen, in einer Abfolge von Stationen, die als Flucht von abgedunkelten Räumen und beleuchteten Vitrinen ineinanderübergehen, so als befinde man sich im Innern eines Hügels. Im Zentrum stehen die Funde aus den drei Gräbern, die zwischen 1994 und 1999 entdeckt worden sind, etwa die beiden prächtigen Kannen, deren Henkel mit rätselhaften Figuren geschmückt sind: einem gefiederten Raubtier mit Pferdekopf, das seine Schnauze zu den Flügelspitzen dreht, oder einem jungen Mann im Schneidersitz, dem links und rechts je eine Sphinx gegenübersitzt. Experten sehen darin typische Anzeichen für die reifere keltische Kunst der sogenannten Latènezeit seit dem 5. Jahrhundert vor Christus, die auf die Hallstattzeit folgte. »Fratzenhafte Dämonen müssen die Kelten in besonderer Weise angesprochen haben«, schreibt der Berner Archäologe Felix Müller in seinem Band »Die Kunst der Kelten«. Bei solchen »phantastischen Mischwesen« sei es niemals sicher, »ob es sich um Mensch, Tier oder Chimäre handelt«.

Ein goldener Halsring, der als Schmuck stilisierte Köpfe und drei schwere Zapfen trägt, ähnelt verblüffend dem, den die mitten im Raum aufgestellte Sandsteinstatue trägt, ebenso der Überrest einer »Blattkrone«, dem auffälligsten Merkmal des »Keltenfürsten«. Das wirft die Frage auf, ob das lebensgroße Kunstwerk ein spezielles Abbild des im Hügel begrabenen, etwa dreißigjährigen Mannes sein soll oder ob der Halsschmuck und die seltsame Kopfbedeckung allgemeine Zeichen der Herrscherwürde waren.

DIESER BERG MUSS EINST EIN MACHTZENTRUM GEWESEN SEIN

Andere Exponate aus den drei Gräbern, etwa eine reich mit Korallen verzierte Spange, deuten darauf hin, dass es weitgestreckte Handelskontakte gegeben hat, mit deren Hilfe Luxusgüter beschafft werden konnten. »Hier war ganz offensichtlich Wohlstand, aber auch Macht versammelt«, sagt Axel Posluschny, der Leiter des dem Museum angeschlossenen Forschungszentrums. Über die Herkunft dieser Macht könne man nur spekulieren: Sind es die fruchtbaren Böden der Wetterau, der waldreiche Vogelsberg, das Eisenvorkommen ganz in der Nähe, eine Salzquelle in Ortenberg-Selters? Wer von der weiten Dachterrasse oder dem Panoramaraum des Museums über das Land blickt, über Felder, Weiden und Wälder, bekommt eine Ahnung davon, dass der Glauberg schon durch seine zentrale Lage zum Herrschersitz geeignet war.

Aber was ist das für eine Kultur, die hier gezeigt wird? Es ist eine schöne Idee der Ausstellungsmacher, die Besucher am Anfang des Rundgangs mit den Vorstellungen zu konfrontieren, die heute über »die Kelten« kursieren. Sie stammen aus Befragungen vor der Eröffnung des Museums und stehen nun im Wortlaut an der Wand im Eingangsbereich. Demnach sind Kelten ein »brutales Barbarenvolk« oder »Wikinger ohne Boote«, Begriffe wie »Karomuster« und »Bärte« fallen. Aber selbst wer sich in seinem Keltenbild immerhin auf Beschreibungen aus Cäsars Eroberungsbericht »De bello Gallico« berufen kann (aus dem sich die Macher der »Asterix«-Hefte eifrig bedient haben), steht vor dem Dilemma, dass der Begriff »Kelten« von antiken Autoren stammt, die damit ganz unterschiedliche Ethnien zu unterschiedlichen Zeiten meinen und dass das, was Cäsar im 1. Jahrhundert vor Christus westlich des Rheins beobachtete, nicht ohne Weiteres auf Verhältnisse in Kleinasien oder auf der britischen Insel übertragen werden kann. So rät nicht nur Wolfgang David, der Leitende Direktor des Archäologischen Museums in Frankfurt, »den Keltenbegriff radikal zu hinterfragen« und dafür die Besonderheiten der regionalen Ethnien der Eisenzeit herauszustellen. Auch in seinem Museum, untergebracht im alten Karmeliterkloster zwischen Zeil und Main, wird das Grab eines vornehmen Kelten gezeigt, allerdings ein erheblich älteres und schlichteres aus der Hallstattzeit.

BESUCH AM GLAUBERG

Vom Frankfurter Hauptbahnhof fährt die Regionalbahn in gut einer Stunde direkt nach Glauburg-Glauberg. Von der Station läuft man etwa 20 Min. hinauf zum Museum »Keltenwelt«. Zeit nehmen sollten Sie sich dort nicht nur für die Ausstellung, sondern auch für einen Rundgang durch den frei zugänglichen Archäologischen Park mit dem rekonstruierten Grabhügel und dem Bergplateau, wo Wälle den einstigen keltischen »Fürstensitz« erahnen lassen. An 20 Stationen erzählen Infotafeln von der Geschichte des Berges, von seiner Flora und Fauna.
Am Glauberg 1
www.keltenwelt-glauberg.de

Die »Keltenwelt« jedenfalls versucht erst gar nicht, den Eindruck zu erwecken, man wüsste bis ins Letzte über die Kelten insgesamt oder über die Bewohner der Glaubergregion in keltischer Zeit Bescheid – eine eigene Vitrine zeigt Funde, die auch den Archäologen rätselhaft geblieben sind. Wo aber die Dinge unklar sind, bleibt viel Raum für Spekulationen. Axel Posluschny berichtet von heimlichen Besuchern auf dem Plateau oberhalb des Museums, wo Esoteriker auf einer neuzeitlichen Steinplatte Opfer darbrächten: Walnüsse, Kerzen, Kleingeld – »irgendwann gab es da auch Kreise aus grobem weißen Salz«, sagt Posluschny. Andere verfassen Bücher über die vermeintliche Koch- oder Heilkunst der Kelten und bieten »Kelten-Horoskope« an.

Auch für Romanautoren ist die »Keltenwelt« Inspiration: 2013, zwei Jahre nach der Eröffnung, ließen etwa die Autorinnen Uli Aechtner und Belinda Vogt in »Keltenzorn« eine Archäologin am Glauberg die vermeintlichen Überreste einer keltischen Fürstin entdecken. Das Finale des Romans spielt dann im echten Museum und schildert den beeindruckenden Blick aus dem Panoramafenster.

Es ist nur ein Teil der Geschichte des Glaubergs, den die »Keltenwelt« abbildet, wenn auch ein besonders reicher. Und wer mehr wissen möchte, sollte vom Museum aus auf das Plateau steigen, das sich oval auf dem Berg erstreckt. Hier erzählen Tafeln von anderen Phasen, von germanischen Kleinfürsten und von der Stauferburg im Mittelalter.

Was die eisenzeitlichen Bewohner des Glaubergs angeht, gibt es für Axel Posluschny noch viel zu erforschen. So sollen DNA-Analysen Auskunft über mögliche Verwandtschaftsverhältnisse der Bestatteten geben, die Frage der Metallverarbeitung auf dem Plateau des Glaubergs soll ebenso geklärt werden wie die, ob zur Zeit der Keltengräber in der Nähe Salz gewonnen wurde. Und schließlich sind da noch einige vielversprechende Stellen in Sichtweite des Glaubergs, an denen weitere Grabhügel vermutet werden. Neue Erkenntnisse sollen in die laufende Ausstellung integriert werden. Und könnten so helfen, unserem Bild von der damaligen Bevölkerung insgesamt klarere Konturen zu verleihen.

LEBEN

Kochkünstler
Tim Raue in seinem Restaurant in Kreuzberg vor einem Bild von Carlos Perez. Raue ist einer der wenigen deutschen Köche mit internationalem Renommee

Zwei Sterne Deluxe

... 19,5 „Gault&Millau"-Punkte und als einziger deutscher Koch auf der Liste der „World's Best 50": Hier erzählt **Tim Raue**, was er im Lockdown gelernt hat, wie es mit der Gastro-Szene weitergeht und auf welche Restaurants er sich jetzt wieder freut

TEXT VON **BARBARA JUNG-ARNTZ** FOTOS VON **JAN PHILIP WELCHERING**

84

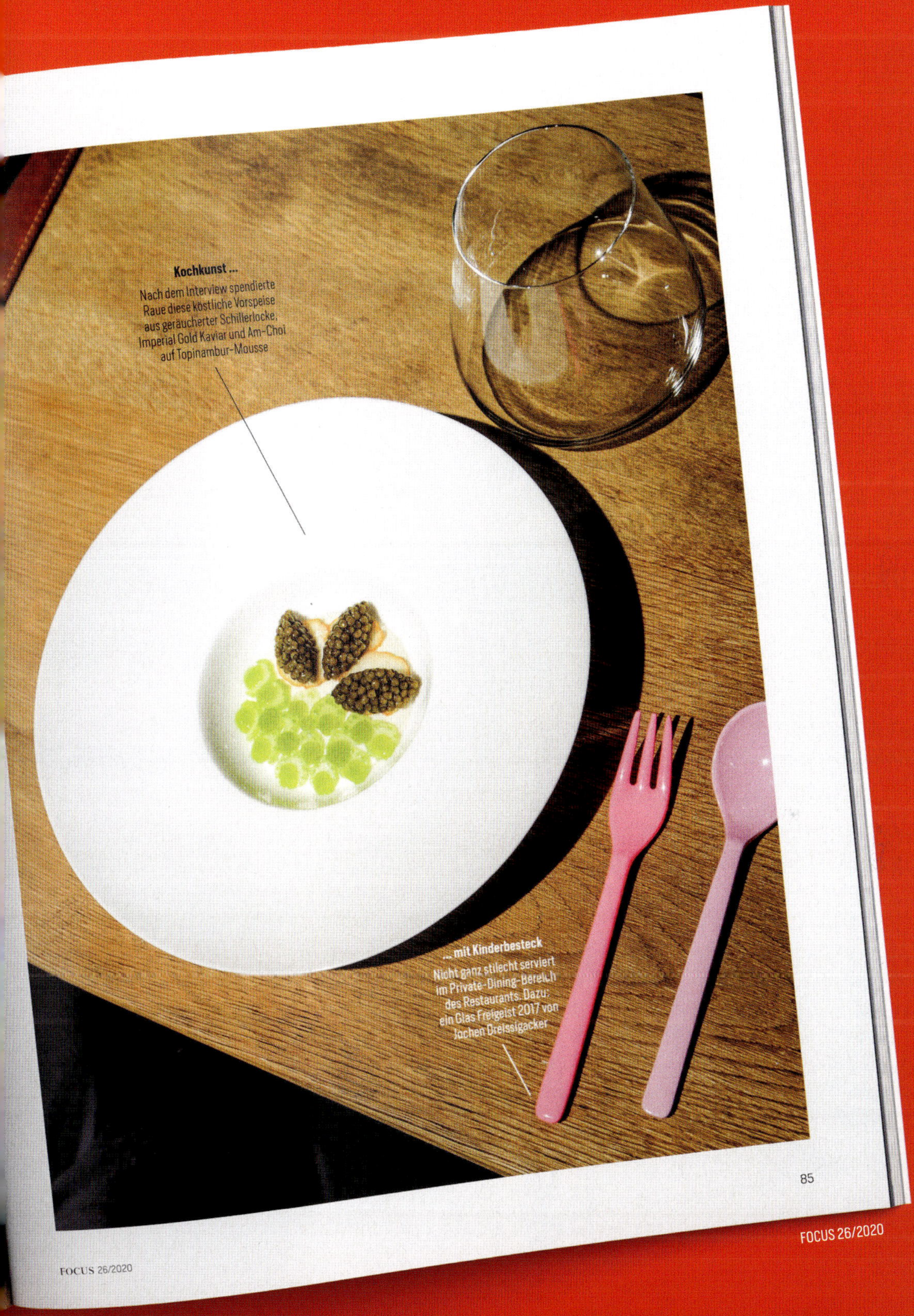

Kochkunst ...
Nach dem Interview spendierte
Raue diese köstliche Vorspeise
aus geräucherter Schillerlocke,
Imperial Gold Kaviar und Am-Choi
auf Topinambur-Mousse

... mit Kinderbesteck
Nicht ganz stilecht serviert
im Private-Dining-Bereich
des Restaurants. Dazu:
ein Glas Freigeist 2017 von
Jochen Dreissigacker

85

Menschen im

Draußen vor der Stadt

Jenseits der dicht besiedelten Städte haben die Menschen
im Rhein-Main-Gebiet der Natur ihren Lauf gelassen.
Dabei sind einzigartige Landschaften entstanden, allesamt
schnell und einfach per Bahn oder Fahrrad erreichbar

TEXT **ALEXANDER JÜRGS** FOTOS **GEORG KNOLL**

NATURSCHUTZGEBIET KÜHKOPF-KNOBLOCHSAUE

Einst floss durch diese Landschaft der Rhein, seit dessen Begradigung vor fast 200 Jahren verläuft hier nur noch ein stiller Altarm des großen Flusses: der Stockstadt-Erfelder Altrhein. An seinem Ufer liegt der Kühkopf, früher beliebtes Jagdgebiet der Adligen. heute eine grüne Insellandschaft, die genau wie die angrenzende Knoblochsaue unter Naturschutz steht

DIETESHEIMER STEINBRÜCHE

Hier in Dietesheim, einem Stadtteil von Mühlheim am Main, baute man bis in die achtziger Jahre Basalt ab. Dann blieben die Steinbrüche offen, das Grundwasser drückte nach oben, Eichen und Erlen wurden gepflanzt, Rundwege durch das Revier angelegt. Es entstanden die »Grünen Seen«, heute ein beliebtes Ausflugsziel. Die Schönheit, hier am Vogelsberger See, hat nur einen kleinen Haken: Baden ist nicht erlaubt, man könnte sich an den steilen Felswänden verletzen. Dafür ist man schnell dort: Vom Frankfurter Hauptbahnhof fahren die S 8 und S 9 in 24 Minuten nach Mühlheim-Dietesheim, von dort ist es eine Viertelstunde zu Fuß bis zur »Canyon-Brücke«, von der man einen großartigen Blick hat

BURGRUINE MÜNZENBERG

»Wetterauer Tintenfass« wird die Ruine der staufischen
Burganlage wegen ihrer zwei runden Türme genannt.
Sie ist eine der landesweit bedeutendsten romanischen
Burgen und liegt nicht weit von Butzbach auf dem
239 Meter hohen Münzenberg. Ihre ältesten Mauern,
darunter die innere Ringmauer und der im Bild vordere
Bergfried, stammen aus dem 12. Jahrhundert. Später
wurde sie um frühgotische Elemente erweitert, auch der
zweite Turm entstand erst im 13. Jahrhundert. Seit dem
Dreißigjährigen Krieg ist sie eine Ruine – und heute
ein perfektes Ausflugsziel für Romantiker und Mittelalter-
Fans. Von Frankfurt aus fährt die Bahn bis Butzbach,
dort gibt es einen Bus nach Münzenberg. Oder: ab Bad
Nauheim mit dem Museumszug (jeden 2. Sonntag,
www.ef-wetterau.de). www.schloesser-hessen.de

SCHWANHEIMER DÜNEN

Auf einem Holzbohlenweg wandert man hinein –
und staunt: In Schwanheim, ganz im Westen Frankfurts, wähnt man sich auf einmal an der Atlantikküste.
Die Schwanheimer Dünen, eine der wenigen Binnen-
dünen-Landschaften Europas, entstanden vor rund
10 000 Jahren. Kiefern und das selten gewordene
Silbergras wachsen im sandigen Boden des Natur-
schutzgebietes, zahlreiche Amphibien, Eidechsen und
Vögel wie der gelbe Pirol finden hier ihre Reviere.
Tipp: Die Schwanheimer Dünen liegen an der Strecke
des Wanderwegs durch den Frankfurter Grüngürtel.
Die etwa 64 Kilometer lange Route führt durch
beeindruckende Natur einmal rund um Frankfurt.
www.regionalpark-rheinmain.de

STEINBRUCH MICHELNAU

Ein schmaler Pfad, gesäumt von Brombeerhecken, führt hinauf zum Aussichtspunkt, von dort blickt man auf eine steile, rote Felswand: Bis 1990 wurde hier der »Michelnauer Tuff« abgebaut, die alte Sägehalle und das Lagerhaus sind noch erkennbar. Der frühere Steinbruch im Norden der Wetterau ist heute ein Industriedenkmal und ein Geotop – das Tuffgestein stammt von einem Vulkan, der vor etwa 17 Millionen Jahren aktiv war. Im Sommer blühen hier die violetten Natternköpfe und die pinken Kartäusernelken. Schönster Weg zur Aussicht: mit der Bahn nach Nidda (rund 1,5 Std. von Frankfurt), dann auf der zwölf Kilometer langen Schäfer- und Magerrasenroute wandern, die nach Eichelsdorf führt. www.steinbruch-michelnau.de

Rund 60 Kilometer Rad- und
Wanderwege führen über die Insel
Kühkopf und durch die
angrenzende Knoblochsaue

Umarmt von Wasser liegt ein sich selbst überlassenes Stück Natur: **der Kühkopf**

Ohne Claus Kröncke wäre der Kühkopf wohl nie eine Insel geworden. Inspiriert vom bekannten Flussbegradiger Johann Gottfried Tulla, der im badischen Karlsruhe wirkte, wagte der Darmstädter Rheinbauinspektor ein Experiment. An einer Rheinschleife wollte Kröncke das Flussbett verlegen. Seine Hoffnung: Ein begradigter Fluss schützt vor Hochwasser und Krankheiten, die in den Sumpfgebieten besonders leichtes Spiel haben. Und: Die trockengelegte Landschaft lässt sich gut beackern. Am 30. April 1829, nach mehr als einem Jahr harter Arbeit mit Fuhrwerken und Schaufeln, war es so weit, Krönckes Rheindurchstich gelang. Das Wasser suchte sich seinen Weg durch das vorbereitete Flussbett, das bald auf eine Breite von 300 Metern anwuchs. Der Rhein floss nun geradeaus, doch auch sein Altarm blieb ein Wasserlauf. So war der Kühkopf, das Gebiet dazwischen, auf einmal von Wasser umschlungen, eine Insel.

Heute ist diese Insel ein wertvoller Schatz, ein Biotop, wie es nur noch wenige gibt. Auf dem Kühkopf und der angrenzenden Knoblochsaue, die zusammen Hessens größtes Naturschutzgebiet bilden, findet man eine intakte Auenlandschaft mit allem, was dazugehört: mächtige Kopfweiden, Silberpappeln, die sich im Wind wiegen, Röhricht, sumpfige Flächen, Streuobstwiesen und einen Auenwald, in dem Eichen, Ulmen und Eschen ungezähmt wachsen dürfen. In diese Landschaft greift der Mensch nicht mehr ein, Totholz bleibt liegen, Urwuchs wuchert.

Die Entscheidung für ein »Zurück zur Natur« hat ausgerechnet mit einer Naturkatastrophe zu tun. 1983 setzte ein heftiges Hochwasser dem Kühkopf zu, die Deiche brachen, die bewirtschafteten Felder wurden komplett zerstört. Und statt sie mühevoll wiederherzurichten, entschied man sich dafür, die Landwirtschaft aufzugeben.

Vom Trubel der Städte des Rhein-Main-Gebiets liegt dieser ruhige, verwunschene Ort gefühlt sehr weit weg, de facto ist er aber ganz nah. Nur eine gute halbe Stunde braucht die Regionalbahn vom Frankfurter Hauptbahnhof bis nach Stockstadt, von dort ist es nur eine Viertelstunde zu Fuß bis ins Naturschutzgebiet – und als Besucher hat man nun die Qual der Wahl. Eine große, etwa 17 Kilometer lange Inseltour auf dem Haubentaucherweg? Oder lieber auf dem Nachtigallenweg siebeneinhalb Kilometer bis an den Rand des Kleinen Kühkopfs spazieren? Oder soll es die kurze, familientaugliche Tour auf dem Auen-Erlebnispfad sein? Auf dieser Route kommt man an Stelen vorbei, auf denen viele Details über die außergewöhnliche Insellandschaft nachzulesen sind, man kann hier auch QR-Codes einscannen, die zur Kühkopf-App führen, die ausführliche Informationen über das Naturschutzgebiet versammelt. Rund 60 Kilometer Rad- und Wanderwege sind insgesamt ausgewiesen.

Wer hier unterwegs ist und die Landschaft aufmerksam beobachtet, entdeckt immer wieder Neues. Schaut man etwa aus dem Holzverschlag gegenüber dem Kleinen Kühkopf heraus auf das Wasser, dann kann es gut sein, dass ein Weißstorch durchs Nass stolziert, sein Kopf wippt beim Gehen vor und zurück, mit seinem Schnabel pickt er im braunen Wasser. Nur ein paar Meter daneben schwimmt eine Entenfamilie. Für eine Vielzahl an Vogelarten, von Rotmilanen und Eisvögeln bis zu Fischadlern, sind die feuchten, gut versteckten Flächen zwischen Auenwald und Fluss ideale Lebensräume.

Besuchen sollte man auch das Umweltbildungszentrum im alten Hofgut Guntershausen. Dort erzählt – auch für Kinder gut verständlich – eine interaktive Ausstellung von den Besonderheiten der Auenlandschaft und schärft das Bewusstsein dafür, warum es so wichtig ist, sie zu erhalten. Kinder können hier viel selbst ausprobieren, etwa Wasser über ein großes Landschaftsmodell fließen lassen, um zu sehen, wie sich ein Hochwasser ausbreitet, oder die Steine, die der Rhein in die Region gebracht hat, in die Hand nehmen. Man erfährt, was den Flussbändiger Claus Kröncke antrieb, warum die Rheinschnaken die Auen so lieben, welche Fische in die Altarme des Rheins zurückgekehrt sind. Und je mehr man von den Besonderheiten dieser Landschaft weiß, umso kostbarer wird sie einem. ◼

www.schatzinsel-kuehkopf.hessen.de

Die Parallelwelt namens »Frankfurt«

Unter Insidern heißt die Buchmesse wie die Stadt.
Unser Kolumnist dachte lange, das sei der einzige Berührungspunkt.
Seitdem er selbst Bücher schreibt, weiß er: Autoren brauchen
Frankfurt, um »Frankfurt« zu überstehen

TEXT **TILL RAETHER** ILLUSTRATIONEN **P. M. HOFFMANN**

Es gibt Menschen, die auf die Frage »Wie war Frankfurt?« jedes Mal antworten: »Anstrengend.« Andere sagen: »Ganz gut, aber natürlich bin ich jetzt krank.« Oder sie sagen: »Frankfurt? Das war das letzte Mal. Nie wieder. Diesmal wirklich.«

Diese Menschen arbeiten entweder in Buchverlagen oder sie sind Autoren. Sie reden über die Frankfurter Buchmesse, die von Menschen, die in Deutschland mit Büchern arbeiten, nur »Frankfurt« genannt wird. Als Ortsangabe »wir sehen uns in Frankfurt« oder als Zeitangabe »wir sehen uns nach Frankfurt«. Oder als Ausrede: »Keine Zeit, wir müssen Frankfurt vorbereiten« oder »Keine Zeit, wir müssen Frankfurt nachbereiten«.

Die Frankfurt-Erfahrung unterscheidet sich je nachdem, ob man Bücher schreibt oder sie verlegt, vertreibt, vermarktet. Die Angehörigen der zweiten Gruppe stehen an Messeständen und unterhalten sich wie Erwachsene. Die Angehörigen der ersten Gruppe irren durch die Gänge der Messehallen mit flackernden Augen und sinkenden Herzen, wie Kinder, die sich im Wald verlaufen haben. Falls sie nicht zu den ein, zwei Dutzend Autoren gehören, die diesmal die Stars sind, ein Interview nach dem anderen geben und auf

Partys bestaunt werden wie mystische Kreaturen, die nur zweimal im Jahr ihre Höhlen verlassen, zu Leipzig (März) und zu Frankfurt (Oktober).

Ich habe »Frankfurt« als Journalist erlebt und als Buchautor (und als Familienvater, auf Verwandtenbesuch, aber es geht hier ja nicht um die Stadt, sondern um die Messe). Als Journalist fand ich »Frankfurt« anstrengend, aber super und war danach immer krank. Ich flatterte von Stand zu Stand, machte Interviews, tratschte mit Kollegen, und abends verabredeten wir uns auf einem der zahlreichen Feste und lästerten über jene, die sich auf einem anderen verabredet hatten. Danach hatte ich Kopfschmerzen und sagte, ich würde nie wieder hinfahren, freute mich insgeheim aber schon auf das nächste Jahr.

Als Autor ist »Frankfurt« anders. Das hängt mit der speziellen Psychologie des Bücherschreibens zusammen. Um ein Buch zu schreiben, muss man für einige Monate oder Jahre vergessen, dass sehr viele andere Menschen auch Bücher schreiben. Man muss zwischenzeitlich größenwahnsinnig werden und das, was man tut, für einzigartig halten. Normalerweise gelingt mir das ganz gut, wie viele andere kreise ich beim Schreiben um mich selbst.

Als ich das erste Mal »in Frankfurt« war, fiel mir jedoch schnell wieder ein,

*An dieser Stelle schreiben **Antonia Baum, Kristine Bilkau, Dennis Gastmann, Finn-Ole Heinrich, Till Raether** und **Saša Stanišić** in unregelmäßiger Folge über die Welt und wie sie ihnen begegnet.*

dass es Zehntausende von neuen Büchern pro Jahr gibt. Die Erfahrung läuft stufenweise ab. Beim Betreten der ersten Halle dachte ich, oh, wie schön, so viele Bücher, endlich bin ich dort, wo ich hingehöre, genau hiervon habe ich mein Leben lang geträumt: nur unter Büchern, nur unter Menschen, die Bücher so lieben wie ich. Beim Betreten der zweiten Halle dachte ich: Ach du Scheiße, es reicht, es sind zu viele Bücher, was willst du hier, warum beteiligst du dich an diesem Overkill.

Dann machte ich den Fehler, mein eigenes Buch zu suchen. Dies sollte man wirklich nur tun, wenn man ein Buch geschrieben hat, das extra »zu Frankfurt« erscheint und der Verlag weiß, wann man an den Stand kommt, damit sie nötigenfalls umdekorieren. Mein erstes Buch war ein halbes Jahr »vor Frankfurt« erschienen und befand sich daher am Rand des Verlagsstandes in Kniehöhe, wie ich nach einer verzweifelten Weile feststellte. Immerhin, aber finde mal ein Buch auf Kniehöhe, ohne dir anmerken zu lassen, dass du verzweifelt danach suchst, das sind würdelose Körperverrenkungen.

Als Journalist dachte ich, zwischen Frankfurt, der Buchmesse und Frankfurt, der Stadt gibt es kaum Berührungspunkte. Wenn man nichts dagegen tut, ist man tagelang nur von Messe-Leuten und Messe-Sound umgeben, im ICE, im Hotel, an den vielen Lesungsorten in der Stadt, nachts an der Bar vom »Frankfurter Hof«. Aber seit ich »in Frankfurt« meine eigenen Bücher suche, höre ich von immer mehr Kollegen, dass sie kleine Trosttorte im realen

Erst dachte ich, toll, so viele Bücher, dann: Ach du Scheiße, es reicht, es sind zu viele!

Frankfurt haben, um sich vom Messe-Frankfurt zu erholen, von der stickigen Luft, der drohenden Sinnlosigkeit des eigenen Tuns, den vielen anderen Menschen und Büchern. Dies erfuhr ich, als ich einer Autorin erzählte, das Schönste »an Frankfurt« sei für mich, zwischendurch das Messegelände zu verlassen, mich im Palmengarten ein, zwei Stunden auf eine Bank zu setzen und ins Leere zu gucken. Sie antwortete, ihr Ritual sei, sich einmal »pro Frankfurt« im Einkaufszentrum gegenüber der Messe in die »Chipotle«-Filiale zu setzen, mexikanisches Fast Food zu essen und den Jugendlichen zuzuhören, die dort über alles reden, nur nicht über Bücher. Eine andere leiht sich für einen Nachmittag ein Fahrrad und fährt, so weit sie kommt, Richtung Taunus. Ein Kollege sagt, er würde »während Frankfurt« immer mindestens einmal am Apfelweinstand vor der »Jack Wolfskin«-Filiale in der Innenstadt sitzen, um bei einem Bembel sein Leben zu überdenken. 2020 ist »Frankfurt« weitgehend ausgefallen. Es ist mir egal, denn ich werde nie wieder hinfahren. Außer nächstes Jahr. Ich freue mich schon auf meine Bank im Palmengarten. ∎

Stadt // Land // Fluss

Bingen am Rhein

#visitrhinemain

Kur-Royal Day Spa

© Kur- und Kongreß GmbH Bad Homburg

© Dominik Ketz

Kloster Eberbach

© Filmagentur Rheingau

Bergstraße-Odenwald

© Lebensform GmbH, Erbach

Von Aschaffenburg bis Limburg, vom Odenwald bis zum Rhein – die Region FrankfurtRheinMain hat für Naturliebhaber, Fachwerk- und Burgenfans sowie Großstadtenthusiasten gleichermaßen viel zu bieten!

// UNESCO-WELTERBE

Die UNESCO-Welterbestätten sind beeindruckende Zeugen der Zeit und Schauspiel der Natur. Im Taunus befindet sich mit dem UNESCO-Weltkulturerbe Limes ein Teil des längsten Bodendenkmals Europas und bei einer Besichtigung des Römerkastells Saalburg wird das römische Leben veranschaulicht. Auch die Kulturlandschaft Oberes Mittelrheintal hat es zu Recht auf die Liste der Welterbestätten geschafft.

Bingen am Rhein ist nicht nur der ideale Ausgangspunkt für eine Schifffahrt auf dem romantischen Rhein mit der weltberühmten Loreley, mit dem Kulturufer überzeugt Bingen auch mit einer der schönsten Uferpromenaden des Rheins.

// ERLEBNISFAKTOR

Faszination Fliegen – wo könnte man die Luftfahrt besser kennenlernen als an Deutschlands größtem Flughafen? Neben Rundfahrten und der Aussichtsterrasse wird ab Herbst 2020 im interaktiven Besucherzentrum der Fraport AG über alle Themen rund um den Flughafen und die Luftfahrtgeschichte informiert. Durch die multimediale Gestaltung wird es garantiert nicht langweilig: Motion Rides, Augmented Reality und Co. machen den Besuch zu einem Highlight.

Wer lieber in der Vergangenheit schwelgt, sollte Alsfeld in der Vulkanregion Vogelsberg mit seinen engen Gassen und über 400 Fachwerkhäusern einen Besuch abstatten. Alsfeld steht im Zeichen der Märchen: Hier trifft man im Märchenhaus auf Rotkäppchen, kann an einem Märchen-Rundgang teilnehmen oder Film-Drehorte moderner Geschichten entdecken.

// WEIN

Was wäre ein Urlaub ohne das ein oder andere Gläschen Wein? Die schönsten Plätze im Rheingau laden mit den Rheingauer Weinprobierständen am Ufer des Rheins oder in den Weinbergen zum Verkosten und Genießen unter freiem Himmel ein.

Wen die Tradition und Geschichte des Getränks interessiert, sollte einen Besuch im Kloster Eberbach einplanen: Heute ein modernes Unternehmen, zählt es zu den bedeutendsten Kulturdenkmälern Europas und spiegelt die Entwicklung von rund 900 Jahren Weinbaugeschichte wider.

// WELLNESS UND GESUNDHEIT

Urlaub bedeutet auch Wellness und Entspannung. Zum Beispiel im Kur-Royal Day Spa Bad Homburg mitten im Kurpark. Im 44 Hektar großen, denkmalgeschützten Park finden Sie nicht nur den ältesten Golfplatz Deutschlands, sondern auch den Thai-Sala, einen goldverzierten Pavillon des siamesischen Königs Chulalongkorn. Auch in Wiesbaden können Sie sich verwöhnen lassen: Möchten Sie die historische Atmosphäre der Kaiser-Friedrich Therme erleben oder im modernen Thermalbad Aukammtal entpannen?

Ronneburg

Felsenmeer

© Thomas Gierth

© Spessart Tourismus und Marketing GmbH, Claus Tews

In Bad Kreuznach haben Sie die Wahl zwischen dem Salinental Bad Kreuznach als größtes Freiluftinhalatorium, dem Thermalbad „crucenia thermen" und der Saunalandschaft Bäderhaus mit einer Vielzahl an Saunen und Pools.

// MUSEEN

Gemälde, naturwissenschaftliche Präparate, Möbel, Theaterfiguren, Gutenberg-Bibeln und ein Domschatz – bei dieser Vielzahl an Museen wird hier jeder Kulturfan fündig. Das Museum Wiesbaden wartet beispielsweise mit einer Jugendstil Ausstellung von F. W. Neess auf. Im PuppentheaterKultur-Museum in Bad Kreuznach lernt man nicht nur die Entwicklung des Puppentheaters kennen, interaktive Stationen laden auch zum Ausprobieren ein.

Ein besonderes Highlight ist das Gutenberg-Museum im Herzen der Mainzer Altstadt. Eines der ältesten Buch- und Druckmuseen der Welt ist dem „Mann des Jahrtausends" und dem Buchdruck gewidmet.

Eine beeindruckende Atmosphäre bietet auch das Rosenhang Museum. In einer ehemaligen Brauerei in Weilburg befindet sich das auf zeitgenössische Kunst ausgerichtete Museum, das auch verschiedene Wechselausstellungen präsentiert.

Die Limburger Staurothek und der Domschatz sind die bedeutendsten Ausstellungsstücke des Diözesanmuseums Limburg, das auch historische Zeitzeugnisse und Kunstwerke zeigt.

// SCHLÖSSER, BURGEN UND FACHWERK

Kaum eine andere Region ist so von mittelalterlichen Orten und Burgen geprägt! Genießen Sie die bezaubernde Atmosphäre in verwinkelten Gassen in Miltenberg, vorbei an charmanten Fachwerkhäusern, Weinbergen und der kurfürstlichen Burg.

Möchten Sie eine Höhenburg aus dem 13. Jahrhundert besuchen, ist die Ronneburg im Spessart das Richtige für Sie. Die Burg befindet sich im originalen Bauzustand und ist umgeben von atemberaubender Landschaft.

Die „Rote Schönheit" in Aschaffenburg gilt als einer der bedeutendsten Bauten der deutschen Spätrenaissance. Das Schloss Johannisburg aus rotem Sandstein beheimatet eine Korkmodellsammlung sowie die Gemäldesammlung der Bayerischen Staatsgemäldesammlung.

// AUSFLUGSTIPPS & WANDERN

Wer die Region aus ganz außergewöhnlichen Perspektiven kennenlernen möchte, sollte sich für das Ringticket entscheiden. Die Tour rund um Rüdesheim umfasst Fahrten mit dem Schiff, dem Sessellift zum Niederwald-Denkmal und der Seilbahn nach Rüdesheim.

Naturinteressierte werden im Odenwald fündig. Dort lädt das Felsenmeer zum Klettern und Erkunden ein und im Informationszentrum erfährt man alles rund um die Entstehungsgeschichte und frühere Nutzung der riesigen Felsblöcke.

 www.frankfurt-rhein-main.de

Für kleines Geld kreuz und quer durch die Region!

2 Tage Days RheinMainCard

2 Tage Days RheinMainCard

Ermäßigung auf mehr als **70** Attraktionen

© Welterpark Offenbach, Stephan Feder

© Udo Bernhart

Bus und Bahn inklusive

IMPRESSUM

MERIAN

ERSCHEINT IM

EIN UNTERNEHMEN DER **GANSKE VERLAGSGRUPPE**

Chefredakteur	Hansjörg Falz
Stellvertretende Chefredakteurin	Kathrin Sander
Art Direction	Isa Johannsen
Chefin vom Dienst	Jasmin Wolf
Textchefinnen	Kathrin Sander, Tinka Dippel
Redaktion	Tinka Dippel, Kalle Harberg, Andreas Leicht, Jonas Morgenthaler, Stefanie Plarre, Inka Schmeling; Mitarbeit: Uwe Fischer, Sophie Sommer
Bildredaktion	Violetta Bismor, Tanja Foley, Katharina Oesten (Leitung)
Layout	Lena Glauche (stellv. AD), Tanja Schmidt
Redaktionsmanagement	Bodo Drazba (Ltg.)
www.merian.de	Jennifer Bielek
Assistenz der Chefredaktion	Nik Behrend, Birgit Janssen
Konzeption dieser Ausgabe	Tinka Dippel (Text), Violetta Bismor (Bild)
Autoren	Antonia Baum, Kristine Bilkau, Finn-Ole Heinrich, Achill Moser, Thomas Pletzinger, Till Raether, Saša Stanišić, Ilija Trojanow
Verantwortlich für den red. Inhalt	Hansjörg Falz
Head of Editorial Teams	Dr. Thomas Garms
Geschäftsführung	Thomas Ganske, Sebastian Ganske, Heiko Gregor (CEO), Peter Rensmann
Brand Owner/Verlagsleitung	Oliver Voß
Gesamtvertriebsleitung	Jörg-Michael Westerkamp (Zeitschriftenhandel), Thomas Voigtländer (Buchhandel)
Abovertriebsleitung	Christa Balcke
Leitung Leserreisen	Oliver Voß
Head of Sales	Helma Spieker (verantwortlich für Anzeigen), Tel. 040 2717-0
Senior Brand Manager	Henning Meyer, Tel. 040 2717-2496
Anzeigenstruktur	Darius Hohlbaum, Tel. 040 2717-2210
Marketing Consultant	Alexander Grzegorzewski
Ihre Ansprechpartner vor Ort:	
Region Nord	Jörg Slama, Tel. +49 40 22859 2992, joerg.slama@jalag.de
Region West / Mitte	Michael Thiemann, Tel. +49 40 22859 2996, michael.thiemann@jalag.de
Region Südwest	Marco Janssen, Tel. +49 40 22859 2997, marco.janssen@jalag.de
Region Süd	Andrea Tappert, Tel. +49 40 22859 2998, andrea.tappert@jalag.de
Repräsentanzen Ausland:	
Belgien/Niederlande/Luxemburg	Mediawire International, Tel. +31 651 48 01 08, info@mediawire.nl
Frankreich/Monaco	Affinity Media, Tel. +33 1 53 89 50 00, l.briggs@affinity-media.fr
Großbritannien/Irland	Mercury Publicity Ltd., Tel. +44 7798 665 395, stefanie@mercury-publicity.com
Italien	Media & Service Inter national Srl, Tel. +39 02 48 00 61 93, info@it-mediaservice.com
Österreich	Michael Thiemann, Tel. +49 40 228 59 2996, michael.thiemann@jalag.de
Schweiz/Liechtenstein	Affinity-PrimeMEDIA Ltd., Tel. +41 21 781 08 50, info@affinity-primemedia.ch
Skandinavien	International Media Sales, Tel. +47 55 92 51 92, fgisdahl@mediasales.no
Spanien/Portugal	K. Media, Tel. +34 91 702 34 84, info@kmedianet.es

Die Premium Magazin Gruppe im Jahreszeiten Verlag
Gültige Anzeigenpreisliste: Nr. 10
Heft 11/2020 – Frankfurt & Rhein-Main. Erstverkaufstag dieser Ausgabe ist der 22.10.2020.
MERIAN erscheint monatlich im Jahreszeiten Verlag GmbH, Harvestehuder Weg 42, 20149 Hamburg, Tel. 040 2717-0
Redaktion Tel. 040 2717-2600, E-Mail: redaktion@merian.de **Internet** www.merian.de
Abonnementvertrieb und Abonnentenbetreuung DPV Deutscher Pressevertrieb GmbH, Tel. 040 2103-1371, Fax -1372, www.dpv.de
E-Mail: leserservice-jalag@dpv.de
Vertrieb DPV Vertriebsservice GmbH, www.dpv-vertriebsservice.de
Litho K+R Medien GmbH, Darmstadt
Druck und Verarbeitung Walstead Kraków Sp. z o.o., Obrońców Modlina 11, 30-733 Krakau, Polen

Das vorliegende Heft November 2020 ist die 11. Nummer des 73. Jahrgangs. Diese Zeitschrift und die einzelnen Beiträge und
Abbildungen sind urheberrechtlich geschützt. Jede Verwertung außerhalb der engen Grenzen des Urheberrechtsgesetzes bedarf
der Zustimmung des Verlages. Keine Haftung für unverlangt eingesandte Manuskripte und Fotos.
Jahresabonnementspreis im Inland 99 €, für Studenten 49,50 € (inklusive Zustellung frei Haus). Der Bezugspreis enthält
7 % Mehrwertsteuer. Auslandspreise auf Nachfrage. Postgirokonto Hamburg 132 58 42 01 (BLZ 200 100 20) Commerzbank AG,
Hamburg, Konto-Nr. 611657800 (BLZ 200 400 00). Führen in Lesemappen nur mit Genehmigung des Verlages. Printed in Germany
ISBN 978-3-8342-3272-4, ISSN 0026-0029, MERIAN (USPS No. 011-458) is published monthly by JAHRESZEITEN VERLAG GMBH.

Weitere Titel der JAHRESZEITEN VERLAG GmbH: A&W ARCHITEKTUR & WOHNEN,
CLEVER LEBEN, COUNTRY, DER FEINSCHMECKER, FOODIE, HOLIDAY, LAFER, MERIAN SCOUT, PRINZ,
ROBB REPORT, SCHÖNER REISEN, WEIN GOURMET

Titelfoto

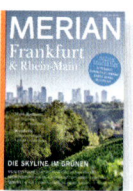

Wie großstädtisch und gleichzeitig grün die Region ist, zeigt der Blick vom Lohrberg im Nordosten Frankfurts. Georg Knoll war mit seiner Kamera am späten Nachmittag dort.

Den **MERIAN kompass**
recherchierten und schrieben Tinka Dippel und Roland Höde.
Redaktionsschluss 25. September 2020

Wir bedanken uns für die Unter-
stützung der Tourismus+Congress GmbH
Frankfurt am Main.

Bildnachweis

Anordnung im Layout: o = oben, u = unten,
r = rechts, l = links, m = Mitte

Titel: Georg Knoll; S.3o Volker Renner;S.4/5
David pix123 - stock.adobe.com, S.4m, 5u
Markus Bassler, 4u, 5m Anja Jahn; S.6l
Pieter-Pan Rupprecht, S.6/7 Städel Museum,
S.7lo Darmstadt Marketing, Foto: Rüdiger
Dunker, 7ro A. Jahn, S.8 G. Knoll (2); S.10lo,
ro M. Bassler, 10lu G. Knoll, 10ru A. Jahn;
S.12, 13lu, 14ro G. Knoll, S.13lo Kerstin
Schneekloth, 13lm Tourismus Hanau, 13ru A.
Jahn, 14l seasons.agency (7); S.15lo Tim
Langlotz, 15lu Visit Stockholm, 15ro Isabela
Pacini, 15ru Walter Schmitz, S.16-17
Tilmann von Meltzer, S.17u Jean-Baptiste
Höppner; S.20-23, 29 A. Jahn, S.24-28,
30-33 G. Knoll; S.34 Maximilian Andereya,
S.35 blickwinkel/imago images; S.38-47 G.
Knoll; S.48 G. Knoll, S.49 David Seeger/
Hanau Marketing GmbH; S.50-58 A. Jahn;
S.60 DAM/©Verlag Arthur F. Krüger, S.61 G.
Knoll; S.62, 64r A. Jahn, S.63 HMF/Foto:
Moritz Bernoully, S.64 DomRömer GmbH/
Uwe Dettmar (3); S.66-75 M. Bassler, S.74u
Ben Gabel, S.76-77 Städel Museum, S.78
Museum Angewandte Kunst, Foto: A. Jahn
(2), S.79o MMK, Foto. Axel Schneider, 79u
MMK, VG Bild-Kunst, Bonn 2020, S.80
Liebieghaus Skulpturensammlung (2), 80o,
81 Foto: Norbert Miguletz, S.81 Schirn
Kunsthalle Frankfurt; S.82-88 M. Bassler;
S.94-100, 104 A. Jahn, S.96o Jacob
Hilsdorf, S.100o Waldemar Franz Hermann
Titzenthaler; S.106l, 108 Keltenwelt am Glau-
berg, 106 r G. Knoll, S.107 Mike Paul;
S.112-118 G. Knoll; S.120-121 Illustration:
P.M. Hoffmann; S.127, S.128-129
Illustration: Marina Friedrich; S.130
Illustration: Isa Johannsen, S.132l Stephan
Lemke, 132r Steve Herud, S.133 Barbara
Thielen blickpunkt-fotografie.de; S.134lo
Städel Museum – U. Edelmann/bpk, 134lu,
ro G. Knoll, 134ru Kulturamt Frankfurt/Foto:
Salome Roessler, S.135 Zuzanna Kałużna;
S.136 simonwhitehurst - stock.adobe.com,
S.137 G. Knoll, S.138lo, lu Gulliver Theis,
S.138ro, ru M. Bassler.

Kartenillustration: Jochen Schäfers

Karten: maps4news.com ©HERE

Foto-Syndication

Stockfood GmbH
Tumblingerstraße 32, 80337 München
Tel. 089 747202-90
E-Mail: willkommen@seasons.agency
www.seasons.agency

MERIAN

kompass

10 SEITEN | SERVICE

FRANKFURT
& RHEIN-MAIN

Vom Nordend bis Sachsenhausen: die spannendsten Viertel der Stadt
und eine Tour auf Goethes Spuren. Hotels mitten im Geschehen und Häuser
zum Entspannen im Grünen. Viele Tipps, Adressen und Karte

SEHENSWERT

Die Metropole ist das Herz in der Mitte, die zwei großen Flüsse sind die Lebensadern der Region: die Highlights in **FRANKFURT UND RHEIN-MAIN**

Das Museum Keltenwelt am Glauberg
Seite 106

Die neue Lust auf Äppelwoi
Seite 82

Die Goldene Waage in der Neuen Altstadt
Seite 62

Eine Tour durch Bars und Restaurants
Seite 50

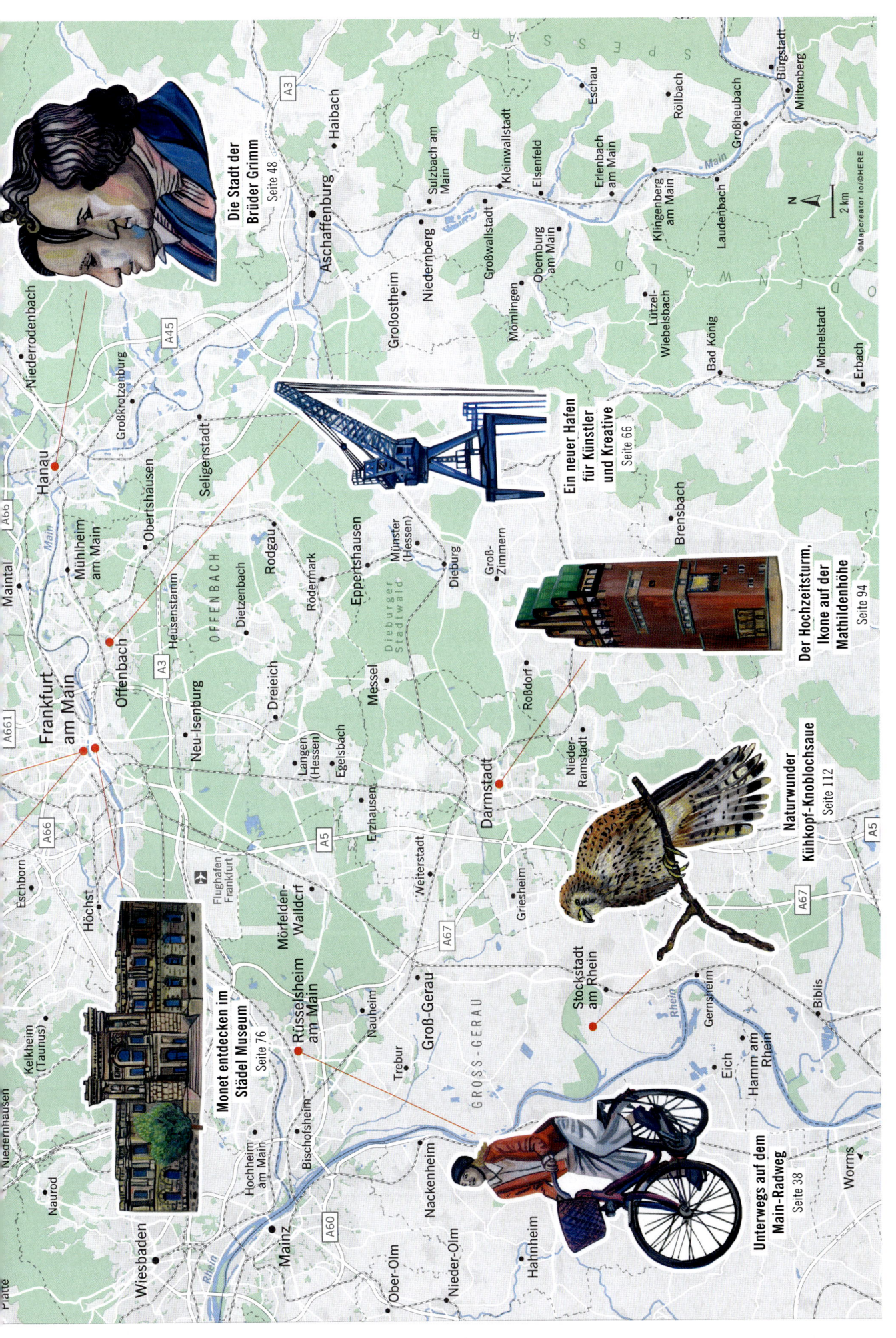

Die Stadt der Brüder Grimm — Seite 48

Ein neuer Hafen für Künstler und Kreative — Seite 66

Der Hochzeitsturm, Ikone auf der Mathildenhöhe — Seite 94

Naturwunder Kühkopf-Knoblochsaue — Seite 112

Monet entdecken im Städel Museum — Seite 76

Unterwegs auf dem Main-Radweg — Seite 38

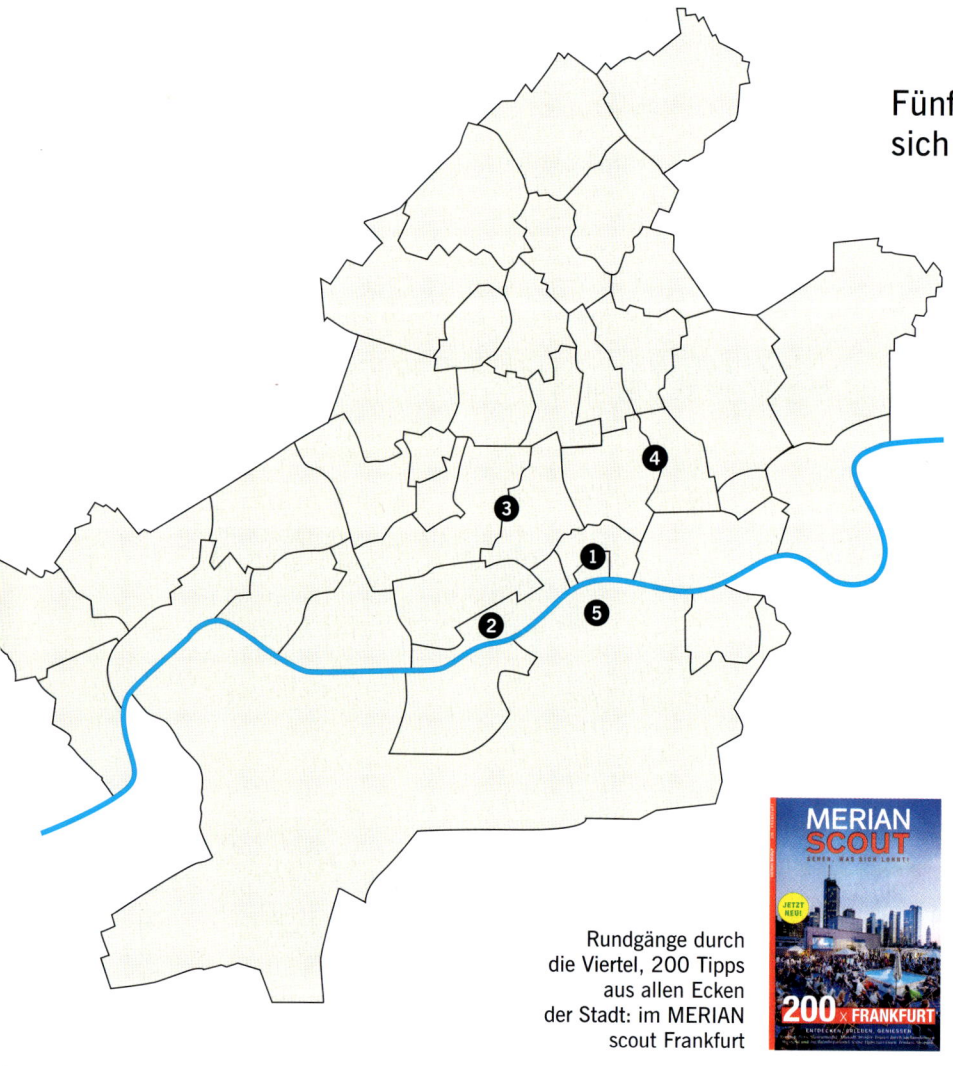

Fünf Stadtteile, für die Sie sich Zeit nehmen sollten

1 | Altstadt Mehr Sehenswertes auf kleinem Raum geht kaum: Dom, Römer, Paulskirche, Neue Altstadt, Historisches Museum, Schirn Kunsthalle – geballt auf einem halben Quadratkilometer.

2 | Bahnhofsviertel Gegensätze prallen hier aufeinander: Rund um die Kaiser- und Münchener Straße existieren Rotlichtmilieu, Drogenszene, Szenebars und Geschäftswelt nebeneinander.

3 | Bockenheim und Westend Senckenberg Museum und Grüneburgpark sind schon zwei gute Gründe, diese Ecke zu besuchen. Nummer drei, vier und fünf: Uni, Messe und die lebendige Leipziger Straße.

4 | Bornheim und Nordend Die Berger Straße ist für viele Frankfurter die schönste Meile der Stadt: Cafés, Bars und Läden, in denen man wunderbar die Zeit verbummeln kann.

5 | Sachsenhausen Südlich des Mains sind zwei sehr berühmte Frankfurter zu Hause: die Äppelwoi-Kultur und die Museumsmeile am Schaumainkai.

Rundgänge durch die Viertel, 200 Tipps aus allen Ecken der Stadt: im MERIAN scout Frankfurt

---

DAS WICHTIGSTE IN KÜRZE

Viel Natur und an jeder Ecke eine Bank

EINWOHNER Mehr als **750 000 Menschen** leben in den 43 Stadtteilen Frankfurts, im Jahr 2000 waren es noch rund 650 000, die Stadt wächst rasant. Das liegt auch daran, dass Frankfurt deutschlandweit als die Stadt gilt, in der im Schnitt die höchsten Gehälter gezahlt werden. Rund ein Zehntel der Menschen, die in Frankfurt arbeiten, ist in der Finanzbranche beschäftigt. Die Konzentration der Banken in der Stadt ist enorm, rund 200 Kreditinstitute sind hier ansässig, einige ihrer Gebäude, etwa der 259 Meter hohe Commerzbank-Tower, prägen die berühmte Skyline. Die gesamte Metropolregion – der Ballungsraum Rhein-Main-Gebiet hat 5,8 Millionen Einwohner.

FLÄCHE Das Rhein-Main-Gebiet erstreckt sich über drei Bundesländer (Hessen, Bayern, Rheinland-Pfalz) und misst 14 755 Quadratkilometer – damit ist es größer als Nordirland. Die kreisfreie Stadt Frankfurt nimmt davon 248 Quadratkilometer ein.

DESTINATION FRANKFURT-RHEIN-MAIN Vier Städte und drei Kreise haben sich 2020 zur touristischen Destination FrankfurtRheinMain zusammengeschlossen. Zu den Städten

Tiere mittendrin

Frankfurts Zoo wurde 1858 gegründet und stand nach dem Krieg unter der Regie des Tierfilmers Bernhard Grzimek. Er liegt mitten in der Stadt.

www.zoo-frankfurt.de

Grün drumherum

Bei aller Verdichtung im Zentrum leistet sich die Metropole einen breiten Grüngürtel, der sie umringt. Wer einmal rundherum radelt, ist 64 km unterwegs.

www.regionalpark-rheinmain.de

zählen neben **Frankfurt** die Wissenschaftsstadt **Darmstadt** im Süden sowie **Offenbach** und **Hanau,** beide östlich von Frankfurt am Main gelegen. Kleinster, aber ein wirtschaftsstarker Kreis im Verbund ist der **Kreis Offenbach.** Auf seinem Gebiet liegen die Städte Dreieich, Rodgau und Seligenstadt. An den Rhein und an den Main grenzt der **Kreis Groß-Gerau,** in dem Hessens größtes Naturschutzgebiet Kühkopf-Knoblochsaue liegt. Die wichtigsten Städte sind Rüsselsheim, Mörfelden-Walldorf und Groß-Gerau. Mit mehr als 1100 Quadratkilometern das größte Gebiet im Verbund deckt der **Wetteraukreis** ab. Zu ihm gehören die Kurstädte Bad Nauheim, Bad Salzhausen und Bad Vilbel, die mittelalterliche Perle Büdingen und das Museum Keltenwelt am Glauberg.

UNTERWEGS IN DER REGION Von Aschaffenburg im Osten bis Mainz im Westen, von Darmstadt im Süden bis in die Wetterau im Norden: Wer die Region erkunden möchte, findet ein gut ausgebautes Bahn-Netz vor. Und je unternehmungslustiger Sie sind, desto mehr lohnt sich die **Rhein-MainCard.** Sie gilt für zwei Tage und fast im gesamten Gebiet, kostet 29 Euro als Einzelkarte und 46 Euro für Gruppen bis zu fünf Personen. Inklusive ist nicht nur weitgehend freie Fahrt in den Bahnen der Region, sondern auch vergünstigter Eintritt in vielen Museen und Sehenswürdigkeiten. www.frankfurt-rhein-main.de

UNTERWEGS IN FRANKFURT ...und zwar im Frankfurt an der Schwelle zum 19. Jahrhundert: TimeRide, der Anbieter von multimedialen Reisen in die Vergangenheit hat im Juni 2020 gleich bei der Paulskirche eröffnet (Berliner Str. 42a). Highlight: eine Virtual-Reality-Kutschfahrt. Mehr Infos: www.timeride.de/frankfurt

AUF RHEIN UND MAIN Platzhirsch unter den Schifffahrtsunternehmen ist die **Primus-Linie.** Deren Klassiker in Frankfurt ist die rund 100-minütige Fahrt, einmal flussaufwärts bis kurz hinter die Gerbermühle und einmal flussabwärts bis Griesheim. Start ist am Eisernen Steg. Von dort können Sie aber auch eine Tagestour machen, etwa über Seligenstadt bis nach Aschaffenburg und zurück – oder in die andere Richtung bis zur Rheinmündung und darüber hinaus. Alle Routen, Themen- und Event-Trips unter: www.primus-linie.de

DREHKREUZ FLUGHAFEN Die erste Fluggesellschaft der Welt hieß Delag, sie wurde 1909 in Frankfurt gegründet. Die Stadt war in der Entwicklung der Luftfahrt von Beginn an weit vorne. Ihr Flughafen ist Deutschlands größter und **eines der weltweit wichtigsten Drehkreuze.** Mehr als 70 Millionen Passagiere zählte er 2019, im Jahr 2020 sind die Zahlen wegen der Corona-Pandemie weit niedriger. Jährlich bis zu 19 Millionen Passagiere zusätzlich sollen künftig über das neue Terminal 3 reisen, das 2025 in Betrieb genommen werden soll. Wer mehr erfahren möchte, kann sich z.B. auf eine zweistündige Busrundfahrt begeben, Treffpunkt ist in Terminal 1, Abflughalle C. Dort plant Fraport, die Betreibergesellschaft des Flughafens, ein neues Besucherzentrum und eine multimediale Ausstellung.
www.fra-tours.com

INFO Viele Tipps und Anregungen, auch zu Ausflügen in die Region, bietet die Website der Tourismus + Congress GmbH Frankfurt am Main (TCF). Die zentrale Touristeninformation der Stadt befindet sich direkt am Römer (Römerberg 27), eine weitere im Hauptbahnhof. Informationen zu Stadt und Umland gibt auch die Website der Destination FrankfurtRheinMain.

TCF: Tel. 069 21230808
www.frankfurt-tourismus.de
Destination FrankfurtRheinMain:
www.frankfurt-rhein-main.de

MUSEUMS UFER FRANKFURT

Stand : 08/2020

37 MUSEEN, UNENDLICHE ENTDECKUNGEN

museumsufer.de

MUSEUMS-UFER TICKET

→ **Einzel- oder Familienticket**

→ **37 Museen**

→ **2 Tage**

Gültig am Tag der Ausstellung und am nächsten Öffnungstag.

Das Ticket ist nicht übertragbar und gilt nur in Verbindung mit einem gültigen Ausweis.

3 ÜBER NACHT

WG-Gefühl im Designhotel, gut gelaunte Gesichter im Bahnhofsviertel,
Entspannung im Kurpark: unsere Tipps für Häuser zum **WOHLFÜHLEN**

250 Gesichter
des Bahnhofsviertels
lachen von den
Wänden im Hof des
»The Trip« (li). Wie
ein beleuchteter
Setzkasten wirkt das
»Lindley Lindenberg«
von außen

HOTELS IN FRANKFURT

Grüße von den Nachbarn

Wer die perfekte Lage sucht, um nicht nur Frankfurt, sondern auch die Region zu erkunden, ist in Bahnhofsnähe richtig. Checkt man dort im **25Hours The Trip** ein, dann sieht man schon beim Frühstück in die vielen Gesichter des Bahnhofsviertels: 250 Porträts machte der Fotograf Rey Scue in der Nachbarschaft, sie blicken nun in Schwarz-Weiß von den Wänden des Innenhofs. Das ganze Haus ist eine Hommage an die Vielfalt, das zeigt sich in den 152 Zimmern und im Restaurant »Bar Shuka« (siehe S. 50). Ein großartiges Frankfurt-Panorama bietet sich auf der Dachterrasse mit Sauna.

Ganz andere Ecke, aber ähnlich in Bewegung: das Ostend, an dessen Hauptader Hanauer Landstraße das kleinere 25Hours-Schwesterhotel »The Goldman« liegt. Nicht weit davon hat 2019 ein Haus eröffnet, das sich als Hotel und zugleich als Begegnungsort versteht: das **Lindley Lindenberg.** Nach dem »Lindenberg«, ebenfalls im Ostend, und dem »Libertine« in Sachsenhausen ist dieses das größte im Bunde der Lindenberg-Häuser. Die Zimmer sind klein, aber hübsch, das Konzept betont die Gemeinschaftsräume: das Café in der Lobby, Restaurant, Bar, die Coworking-Spaces und die Gemeinschafts-

küche – gut bestückt von der hauseigenen Permakultur im Taunus. Wem unterwegs zum Ostend auf der anderen Mainseite ein mächtiger (88 Meter) Turm mit Backsteinfassade aufgefallen ist: Auch dort können Sie wohnen. Das **Main Plaza,** betrieben vom Lindner Hotel, hat 118 Zimmer, Spa – und einen der besten Ausblicke der Stadt (siehe S. 20).

The Trip Niddastr. 56-58
www.25hours-hotels.com

Lindley Lindenberg Lindleystr. 17
www.das-lindenberg.de

Main Plaza Walther-von-Cronberg-Platz 1
www.lindner.de

Drinnen leuchtendes Blau, draußen viel Grün: das Spa im »Dolce by Wyndham«

Die Ruhe liegt so nah

Eine halbe Stunde fahren Sie mit der Bahn von Frankfurt in die Kurstadt **Bad Nauheim.** Dort empfangen Sie: die Kuranlage (eines der größten geschlossenen Jugendstil-Ensembles) und ein sehr schöner Kurpark. Vom Hotel »Dolce by Wyndham« spazieren Sie direkt hinein. Das Haus in bester Lage hat nicht nur einen großen Wellnessbereich, sondern auch ein eigenes Jugendstil-Theater – und eine grandiose Adresse: Elvis-Presley-Platz 1. Eine Stele vor der Tür erinnert an den King, der während seiner Stationierung in Deutschland in Bad Nauheim wohnte. Weniger bekannt, deutlich kleiner, aber ebenfalls perfekt zum Entspannen ist **Bad Salzhausen** im Norden der Wetterau. Der Ort zählt keine 1000 Einwohner und gehört zur Stadt Nidda. Hier können Sie sich in der Justus-von-Liebig-Therme im Solebad treiben lassen oder in der Salzgrotte tief Luft holen. Wunderbar zum Spazierengehen ist der 52 Hektar große Kurpark, der vor knapp 200 Jahren entstand. In seiner Mitte liegt das Kurhaushotel – in einem historischen Gebäude von 1826.

Dolce by Wyndham Bad Nauheim, Elvis-Presley-Platz 1, www.dolcebadnauheim.com

Kurhaushotel Bad Salzhausen Kurstr. 2 www.kurhaushotel-bad-salzhausen.com

LITERATUR

Goethe wurde in Frankfurt geboren, und jedes Jahr werden
hier große Erzähler prämiert. Schlaglichter aus der **BÜCHERSTADT**

Tischbein-Gemälde im
Städel Museum,
Goethe-Denkmal in der
Innenstadt, Willemer-
Häuschen auf dem
Mühlberg, Portal der
Goethe-Universität (im
Uhrzeigersinn)

GOETHE-TOUR

Dichter dran am großen Denker

Er verließ die Heimatstadt jung und ohne Abschiedsschmerz, aber Frankfurt hegt und pflegt seine Spuren: Johann Wolfgang von Goethe. Am 28. August 1749 »mit dem Glockenschlage zwölf« (so schreibt er in seiner Autobiografie »Dichtung und Wahrheit«) kam er im Familienhaus, Großer Hirschgraben 23, zur Welt. Das **Goethe-Haus** wurde 1944, genau an Goethes 112. Todestag, zerstört und ab 1947 rekonstruiert. Es erzählt aus dem Leben der Familie. Schmuckstück: das Puppentheater, das Goethe mit vier Jahren geschenkt bekam. Von dort sind es keine fünf Minuten zum Goetheplatz, auf dem

Goethe als überlebensgroße und knapp sieben Tonnen schwere Bronze steht. Das **Goethe-Denkmal** von Ludwig von Schwanthaler wurde 1844 eingeweiht. Weiter nördlich trifft Goethe auf Adorno, die **Goethe-Universität** erstreckt sich um den nach dem Philosophen benannten Platz. Eines der berühmtesten Porträts hängt im Städel Museum: **Goethe in der römischen Campagna** (1787) von Johann Heinrich Wilhelm Tischbein. Der Maler, damals in Rom, beherbergte den Dichter während dessen erster Italien-Reise. Dabei entstand das großformatige Gemälde, allerdings leistete sich Tischbein kleine Schnit-

zer: Goethe hat zwei linke Füße, und der linke Oberschenkel ist deutlich zu lang. Weiter südlich, auf dem Mühlberg in Sachsenhausen, steht das **Willemer-Häuschen,** einst Gartenhaus von Goethes Freund Johann Jakob von Willemer (Hühnerweg 74, im Sommer sonntags offen für Besucher). 1814 feierten die beiden dort den Jahrestag der Völkerschlacht bei Leipzig – mit Willemers Frau Marianne, für die Goethe sehr schwärmte. Im Haus der Willemers, der **Gerbermühle,** feierte Goethe später seinen 66. Geburtstag. Es ist heute ein Hotel mit Restaurant und Biergarten (www.gerbermuehle.de).

FRANKFURTER BUCHMESSE

Jahrmarkt der Gedanken

Im September 1949 trafen sich 205 Aussteller in der Paulskirche zur ersten Buchmesse nach dem Krieg, gegründet vom Börsenverein des Deutschen Buchhandels. Sie knüpfte an eine Tradition an: Um 1450 hatte Johannes Gutenberg im nahen Mainz den Buchdruck erfunden, schon damals wurde Frankfurt ein wichtiger Handelsplatz für Gedrucktes. Die Frankfurter Buchmesse wuchs ab 1949 stetig an, heute füllt sie die Messehallen mit jährlich um die 7500 Ausstellern aus mehr als 100 Ländern und bis zu 300 000 Besuchern. Sie ist der weltweit wichtigste Umschlagplatz für Neuerscheinungen, Themen, Debatten und Gedanken. Zig Preise werden in ihrem Rahmen verliehen, die wichtigsten sind der Deutsche Buchpreis und der Friedenspreis des Deutschen Buchhandels. 2020 war coronabedingt Premiere: für die erste komplett digitale Buchmesse.
www.buchmesse.de

LEIF RANDTS »ALLEGRO PASTELL«

Maintal und Metropole im Hier und Jetzt

Dieser Roman wurde 2020 von der Literaturkritik als ästhetisches Manifest des Zeitgeistes gefeiert und stand auf der Shortlist für den Preis der Leipziger Buchmesse: »Allegro Pastell« ist das Werk von Leif Randt, 1983 in Frankfurt geboren. Die Rahmenhandlung ist eine klassische Liebesgeschichte: Tanja, Anfang 30, Schriftstellerin in der Phase nach ihrem ersten Erfolgsroman, trifft Jerome, Mitte 30, Webdesigner. Sie lebt in Berlin, er in Maintal, das zwischen Frankfurt und Hanau liegt. Leif Randt kennt die Orte, von denen er schreibt. Er ist in Maintal aufgewachsen und lebt in Berlin. In seinem Roman macht er nicht nur die Welt der Mittdreißiger im Hier und Jetzt erlebbar, das Buch liefert auch eine dicke Ladung Frankfurt-Eindrücke: von der Hanauer Landstraße, die nach Maintal führt, aus dem Bahnhofsviertel und dem Biergarten »Borussia«.
Kiepenheuer & Witsch 2020, 288 Seiten, 22 €

5 GESCHICHTE

Die **PAULSKIRCHE** gilt als Wiege der deutschen Demokratie. Sie überlebte in wechselnden Rollen: mal Gotteshaus, mal Mahnmal, mal Speicher

VON 1789 BIS HEUTE

Umstritten wie eh und je

Am Anfang gab es Zoff. Und dieser Zoff ist eine ständige Konstante in der Geschichte der Paulskirche. Gestern, heute und vermutlich auch morgen.

Im Jahr 2023 jährt sich zum 175sten Mal die Einberufung des ersten deutschen Nationalparlaments. Und zu diesem Anlass soll die Paulskirche von Grund auf renoviert erstrahlen. Natürlich gibt es jetzt schon Streit darüber, wie das ehrwürdige Bauwerk zum Jubiläum aussehen soll. Traditionalisten erscheint der Wiederaufbau der Paulskirche 1948 zu wenig ergreifend geraten. Dagegen argumentieren jene, die gerade in dieser Sachlichkeit ein Symbol erkennen – für eine »Herberge deutscher Hoffnungen und Schaubühne deutscher Tragik und Unvollkommenheit«, so der spätere Bundespräsident Theodor Heuss. Wie der Widerstreit der Interessen enden wird? Noch offen.

Der Anfang ist hinlänglich bekannt: Ihrer Barfüßerkirche wegen Baufälligkeit beraubt, stritt sich die protestantische Kirchengemeinde Frankfurts mit dem zuständigen Bauamt um ein neues Gotteshaus. Der angestammte Platz in unmittelbarer Nähe zum Rathaus lag bereits mehrere Jahre brach, als Stadtbaumeister Georg Hess 1789 endlich die Arbeiten für einen Neubau beauftragen konnte. Vor allem die herkömmlichem Kirchenbauverständnis zuwiderlaufende klassizistische Architektur war es, die nicht enden wollende Diskussionen ausgelöst hatte. Dabei berief sich der städtische Planer streng auf Vorgaben, die den Entwurf eines elliptischen Rundbaus mit einer Vielzahl von Fenstern im Geist der Aufklärung verlangten. Die zeitgleich mit der Französischen Revolution aufgenommenen Bauarbeiten kamen schon bald zum Erliegen, der Rohbau diente während mehrmaliger Besetzungen Frankfurts als Speicher, an die Fertigstellung des Kirchenbaus war unter der Last erheblicher

Elliptischer Rundbau im Herzen der Stadt: die imposante klassizistische Paulskirche

Kriegskontributionen nicht zu denken. Ganz im Gegenteil. Die einstmals stolze Kaiserstadt wurde nach 1806 mit dem Untergang des Heiligen Römischen Reichs Deutscher Nation zum Großherzogtum degradiert und mit Karl Theodor von Dalberg ein katholischer Geistlicher zum Regenten eingesetzt. Qua Amt kümmerte sich der Katholik Dalberg aber nicht darum, die protestantische Kirche fertigbauen zu lassen.

Als 1815 auf dem Wiener Kongress die Karten Europas neu ausgespielt wurden und das ehemalige Heilige Römische Reich als Deutscher Bund aus fast 40 Territorialstaaten sowie vier Freien Städten neue Gestalt annahm, erhielt Frankfurt aufgrund seiner zentralen Lage die zweifelhafte Ehre, Sitz der regierenden Bundesversammlung zu werden. Damit geriet die Stadt in das Fadenkreuz der Aufmerk-

samkeit jener politischen Opposition, die sich Forderungen nach deutscher Einheit in Freiheit auf die Fahnen geschrieben hatte.

In solche politische Stimmung fiel die feierliche Eröffnung des Gotteshauses, dessen Fertigstellung mit Stadtbaumeister Friedrich Hess ein dritter Architekt betreut hatte. Und den traf unmittelbar die Kritik der Auftraggeber, die dem Architekten, der »den Plan der Paulskirche entworfen hat … jegliche Wissenschaft über Akustik« absprachen. Dieses Problem ist die wohl einzige Konstante in der Geschichte der Paulskirche seit 1833.

Nach gut 40-jähriger Bauzeit endlich ihrer Bestimmung als Gotteshaus zugeführt, sollte diese Nutzung lediglich 14 Jahre andauern. Denn im März 1848 wandten sich nach revolutionären Ausschreitungen in Berlin erneut die Augen der deut-

Raum mit bewegter Historie:
Im 30 Meter hohen Kuppelsaal
tagte 1848 die erste deutsche
Nationalversammlung

schen Öffentlichkeit gen Frankfurt. Über alle Grenzen der deutschen Bundesstaaten vereinigten sich Oppositionelle erneut unter der Parole »Einheit und Freiheit«, und schnell stand fest, dass ein zu berufendes nationales Parlament zusammenzutreten habe, natürlich in Frankfurt. Auf etwa 600 Volksvertreter schätzte man ein solches Parlament, mithin in einer Größenordnung, die das Fassungsvermögen des Kaisersaals im Frankfurter Römer als einzig repräsentativem Raum sprengte. Das ließ die Organisatoren vor Ort zur Seite schielen, wo sie mächtig und eindrucksvoll stand: die Paulskirche.

Mitte Mai 1848 war es so weit: Unter lebhafter Teilnahme einer begeisterten Öffentlichkeit zogen nach und nach 564 gewählte Abgeordnete in die Frankfurter Paulskirche ein und konstituierten die erste verfassungsgebende National-

versammlung. Während knapp 13 Monaten, in deren Verlauf einschließlich Nachrückern rund 800 Abgeordnete die harten Bänke der Paulskirche drückten, kam das Parlament seiner Aufgabe erfolgreich nach: Die Versammlung verabschiedete mit großer Mehrheit einen Grundrechtskatalog, der später als Vorlage für die Weimarer Verfassung ebenso wie für das Bonner Grundgesetz diente.

Deutschlands Weg zur Einheit sollte blutig werden. Er führte über Kriege zwischen Bayern und Preußen und gegen Frankreich – und was dann, 1871, im Spiegelsaal von Versailles zum Deutschen Reich ausgerufen wurde, war nur eine Fratze dessen, was keine 25 Jahre zuvor in der Paulskirche diskutiert worden war. Die ward den Protestanten Frankfurts zurückgegeben und diente über die beiden deutscher Hybris geschuldeten Weltkriege hinweg als Gotteshaus, ehe sie am 18. März 1944 im britischen Bombenhagel ausbrannte. Das riesige abgeknickte Kreuz am Kirchturm wurde über Jahre Sinnbild für den Niedergang deutscher Kultur. An deren Tradition anzuknüpfen, war das Bestreben des ersten Frankfurter Nachkriegsbürgermeisters Walter Kolb.

Wer heute diese Gedenkstätte betritt, der erlebt das Gebäude in jener Klarheit und Strahlkraft, die der mit dem Wiederaufbau 1948 beauftragte Kirchenarchitekt Rudolf Schwarz zum Programm erhoben hatte: »Die große Ruine war weitaus herrlicher als das frühere Bauwerk, ein riesiges Rund aus nackten ausgeglühten Steinen.« In der Grundrenovierung 1988 zum 140. Jahrestag der Deutschen Nationalversammlung wurden Material- und Baumängel behoben sowie die Technik modernen Erfordernissen angepasst. Einzig die Wandelhalle, die der Besucher auf dem Weg zum Licht des Kirchenrunds zu durchqueren hat, erhielt ein beeindruckendes Facelift. Johannes Grützke schuf ein 360-Grad-Panorama im Innenrund mit einem nicht endenden »Zug der Volksvertreter«.

Egal, wie noch kommende Konflikte um das Erscheinungsbild der Paulskirche im Herzen Frankfurts ausgehen werden: Stets wird sie das Sinnbild sein, als das sie im Juni 1963 der amerikanische Präsident John F. Kennedy in seiner Ansprache an die deutsche Nation titulierte: »die Wiege der deutschen Demokratie«.

Roland Hoede

Entspannt: Aperitif-Atmosphäre vor der Weinbar »Alte Wache« am Münster

Erfolgreich: Julian Huber ist einer der talentiertesten badischen Winzer

Erfrischend: Kinder lieben die Bächle, die kleinen Kanäle in der Altstadt

Erhaben: Die mit Figuren geschmückte Portalhalle führt ins Freiburger Münster

Freiburg und der Breisgau

MÜNSTER Die verborgenen Wunder am Meisterwerk der Gotik
GENUSS Produzenten aus Passion: die Helden des Münstermarkts
ARCHITEKTUR Warum Freiburgs Altstadt viel jünger ist, als sie wirkt
AUSFLÜGE Kurztrips zu Weingütern, Achterbahnen und ins Bergwerk

Haben Sie eine MERIAN-Ausgabe verpasst?
Bestellservice: Tel. (040) 2717-1110
E-Mail: sonderversand@jalag.de
oder online bestellen unter
www.merian.de
oder www.einzelheftbestellung.de

Abo bestellen:
Tel. (040) 21031371
E-Mail: leserservice-jalag@dpv.de
oder online unter
shop.jalag.de

Zuletzt erschienen

Juni 2020   Juli 2020   August 2020   September 2020   Oktober 2020

In Vorbereitung:
Rund um die Ostsee
Salzburg
Istrien